仕事にも人生にも自信がもてる！

女性管理職の教科書

小川由佳

同文舘出版

はじめに

はじめまして。企業研修講師およびコーチの小川由佳と申します。この本を手にとってくださって、ありがとうございます。

この本は、管理職になったばかりで、「本当に私で大丈夫かな」「やっていけるんだろうか」と不安になっている女性、また、管理職になったものの、壁にぶち当たって、自分に自信をもてないでいる女性、そして、まさにその1人であった昔の私に向けて書きました。

遡ること10年以上前、私が初めて管理職になったとき、わからないことだらけで、とても悩みました。

「そもそも私の仕事って何だろう？　何をすればいいんだろう？」

「部下に仕事を任せるってどういうこと？」

「部下に仕事を頼むのをためらってしまう……。どうしたらいい？」

「付き合いづらい部下とどうすればうまくやっていける？」

こんなにわからないことだらけなのに、躊躇してしまってなかなか気安く周りに聞けない。ちょっとした孤独感。特にメーカーで自分のチームをもった当時は、「世の中に同じような管理職初心者のネットワークがあったらなあ」と思ったのを、今でもよく覚えています。

その後、独立して研修講師やコーチという仕事をするようになり、管理職になったばかりの方、特に女性の方の相談を受けながらサポートしていく中で、実は多くの人が、私がかつて「どうしたらいいかわからない」と思ったこと、「不安だ」と感じたのと全く同じことで、壁にぶつかったり悩んだりしていることを知りました。

であれば、かつての私を含む多くの女性管理職が疑問に思ったり困ったりすること——たとえば、管理職になるにあたっての不安や疑問、管理職になって間もない頃の「どうしたらいいかわからない」数々の悩み、初めてチームや部下をもつことへの戸惑いなど——について、私の実体験やリアルな実例を通して得てきたノウハウをお伝えすれば、「管理職になってしまった」女性たちの気持ちをもっとラクにして、楽しく仕事をしていくお手伝いになるんじゃないか。そう思ったのが、この本を書いた理由です。

さらにもう1つ、この本を書いた理由があります。それは、管理職という仕事に対して、「私は向いていない」「私にはムリ」と思って躊躇している女性がいたら、「向いているかもしれないよ」「やってみたら」とお伝えしたいと思ったのです。

日頃、コーチという仕事の中で女性に接していて感じるのは、自分に自信のない方が意外に多いということです。お話を伺っていると、真面目で優秀で、「なるほど、だから会社はこの人を管理職にしたんだな」ということが伝わってくる方ばかりです。にもかかわらず、ご本人は「向いていないのでは」「私にはムリだと思う」とおっしゃるのです。

どうして、自信がないのでしょうか？　私は、未知の「管理職という仕事」に対して、その責任感から「しっかりとこなさなければいけない」というプレッシャーを大きく感じたり、自分のライフプランから「プライベートと両立できないのでは」という不安を抱えたりすることが背景にあるように感じます。

特に女性の場合、仕事とプライベートとを切り離すのは簡単なことではありません。たとえば、妊娠や出産は、その適齢期がある程度決まっていますし、子育てでは、子供のみならず保育園事情や夫との協働関係などの影響も受けます（もちろん、男性でもこれらの影響は受けますが、現在の日本においては、まだまだ女性が受ける影響のほうが大きいように思います）。

自分でコントロールしにくいものを抱えながら、仕事をしていくわけで、「もし両立できなかったら……」と考え、不安が膨らむのはとてもよくわかります。

それでも、今、私がお伝えしたいのは、「少しでも興味があるのであれば、やってみたら」ということ。なぜなら、本当にムリかどうかはやってみないとわからないし、実際には、なんとかなることがほとんどだからです。

今の自分の判断基準となっているのは、あくまで、過去に自分が経験したことや見聞きしたことの総動員でしかありません。でも、実際にやってみると、過去の自分が想像できなかったようなことを、未来の自分が楽しんでやっている……なんてことは、よくあることです。

わからない未来を案じるよりも、目の前のご縁や自分の気持ちを大切に、一歩一歩進んでいく。そんな姿勢が、結果的に、よりよい未来につながっていくように感じています。

この本を読まれる方が、イキイキと自分らしく管理職をやっていくために、そして、仕事や人生を楽しんでいくために、本書が少しでもお役に立てば幸いです。

小川　由佳

『仕事にも人生にも自信がもてる！ 女性管理職の教科書』●目次

1章

「管理職になってしまった！」まずはあなたの不安を解消しよう

2章

「そもそも管理職って何をすればいい？」新米リーダーの仕事の心得

3章

「どう接したらいい？」部下のやる気を引き出すコミュニケーション

4章

「ブレないリーダーになる！」部下も自分も成長する思考術

5章

「どうしたらバラバラチームがまとまる？」1＋1＝3になる強いチームのつくり方

6章

「〝ついイライラして自己嫌悪〟から抜け出す！」うまくいかないときの処方箋

7章

「オンもオフも充実させたい!」周りに振り回されない仕事術

装幀・本文デザイン　二ノ宮匡（ニクスインク）
本文DTP　マーリンクレイン

1章

「管理職になってしまった！」まずはあなたの不安を解消しよう

\Hint/
01

「私に管理職なんてムリ」と思っていませんか？

●あなたが管理職になったのは、たまたまじゃない

管理職への昇格を打診されたとき、男性の場合、素直に「やった！」「うれしい」と喜ぶ人が多いと感じます。一方、女性は、喜びよりも、「え、私が管理職？　私で大丈夫なの？」「リーダーっていうタイプじゃないのに」「私にはムリ」という不安や自信のなさなどから、尻込みしてしまう人のほうが多いのではないでしょうか。

少なくとも、私のところにコーチングを受けに来られる方や、女性社員向け研修の受講者の方々とお話ししていると、そういう気持ちになる人が多いようです。

そんな方々にこそ、まずお伝えしたいのです。

「大丈夫ですよ！」と。

なぜなら、「管理職に打診された」ということは、会社や上司が、あなたのこれまでの働きぶりを認めているということ。そして、あなたが**「管理職に育つ可能性を秘めている」と認めている**ということだからです。

そうでなければ、管理職に選ぶなんてことは、まずしません。なので、少なくとも、そこには自信をもってほしいのです。

そう言うと、

「いやいや、たまたまこれまでうまくいっただけで……」

「上司がサポートしてくれたから……」

なんて謙遜する方がいます。

確かに、あなたが出した成果はあなただけによるものではないかもしれません。上司や同僚のサポート、お客様の協力、運やタイミング……そういったものが、うまく得られたからということもあるでしょう。

でも、管理職を選ぶ側は、そういったこともすべて含んだうえで、選んでいます。

また、彼らはあなたの成果だけでなく、**成果に至るプロセス**も見ています。たとえば、目標に対してどう行動したか、どのように周りの人に働きかけたか、問題が生じたときにどのように対処しようとしたか、お客様とどのようにコミュニケーションをとったか……などなど。そこに管理職の素養を見たからこそ、あなたに声をかけているのです。

●今、自信がないのは当然のこと

もう1つ、押さえてほしいのは、「昇格した途端、管理職として活躍する」ことを期待されているのではないということ。そうではなく、**「管理職として育つ」**ことを期待されているということ。その違い、大きいです。

なので、今の時点で、やったこともない管理職についてガンガンやれるイメージをもてていなくても大丈夫です。自信がなくても大丈夫なのです。

与えられた機会、管理職という役割や仕事に対して、真摯に一歩一歩努力をしていくこと。それが、管理職を打診されたあなたに求められていることです。そして、その努力ができる人であることを、周りの人が認めているということです。

まずは、あなたが、ここまでやってきた自分自身を認めてあげましょう。それが、あなたが**自分らしく、管理職という役割を楽しめる**ようになるための第一歩です。

「自信がない」「不安」という人の背景には、「管理職とはこういうものだ」というイメージがあることが多いです。

かくいう私も、そうでした。

過去の私がもっていた、そして、私が出会う女性管理職の方々にもよく見られる思い込みとその落とし穴について、次項からお話ししていきましょう。

\Hint/
02

【思い込み①】人を引っ張っていくタイプじゃないとダメ？

●「あるべき姿」に縛られていませんか？

「リーダーっていうのは、みんなを引っ張っていかなきゃいけないと思うんです。でも、私って、そういうタイプじゃないし……」

こんな声をよく聞きます。

私自身も管理職になったとき、そう思って不安になりました。

でも、違うのです。なぜって、リーダーにはいろんなスタイルがあるからです。**「こうじゃなきゃいけない」という唯一無二のスタイルがあるわけではない**のです。

私が初めて管理職になったとき、まず、「管理職としてどうなればいいのか」をはっきりさせようと、リーダーシップ本を読みまくりました。また、会社でお金を出してもらって、リーダー研修を受けました。自費でリーダーシップ講座にも行きました。さらに、「この人、マネージャーとしていいな〜」と思う人たちに話を聞きに行きました。

そうして、自分で描いた「あるべきマネージャーの姿」を再現してみようとしたのです。

でも、うまくいかなかった……。

むしろ、「私には、そんな風にできない」とか、「私は人を引っ張っていくようなタイプじゃないのに」とか、「なんで○○さんはできるのに、私はうまくできないんだろう」とか、ネガティブなことばかり考えて、落ち込む日々でした。

振り返ってみると、当時の私は、「自分で思い描いたあるべきリーダー像」になろうとしていたんだと思います。自分を変えようとしてもがき、変わらない自分に落ち込んでいたのです。

それっておかしな話だと、今では思います。人はそれぞれ違うわけで、その人に合った、その人らしいリーダーシップというものがあるからです。

なのに、自分とは性格も強みも違う人のリーダーシップを見て、それをそっくり真似しようとするのは、無理があったのです。

身近な例を思い出してみると、わかりやすいかもしれません。ぐいぐい引っ張っていくようなリーダーがいるかと思えば、静かでそれほど口数も多くないけれど、人がついていくようなリーダーもいませんか。みんな、あり方は違えど、リーダーとしてチームに働きかけ、目標を達成しています。

40年にもわたってリーダーシップ研究をしてきた心理学者ドナルド・O・クリフトンは、「すぐれたリーダーたちに共通しているのは、それぞれが自分の強みを正確に把握していること——そして、適切なときに適切な強みを持つ人に協力を求めることができることだ。だから、すべてのリーダーを定義する決定的な特質というものはないんだよ」と言っています（『ストレングス・リーダーシップ——さあ、才能に目覚めよう』、日本経済新聞社）。

●カリスマリーダーを目指さなくていい

私自身、改めて自分の経験を振り返ってみると、うまくチームをまとめられたと思うときでも、「引っ張るリーダーシップ」とは程遠いものでした。

一番に思い出すのは、2人の部下とのエピソード。クライアント企業にシステムを導入する、あるプロジェクトのマネージャーをしていたときのことです。

システムの開発が予定通り進まず、プロジェクトが滞りなく完了できるか、私は不安で仕方ありませんでした。当時は毎日忙しくて、すごく疲れているのにもかかわらず、心配で夜も眠れなくて、ずっとイライラしていました。

そんな状態が続いたある朝のこと。職場に行ったら、よほど不安や焦りが、私の顔に出ていたのでしょう。逆に部下2人から、「小川さん、大丈夫ですよ。きっとなんとかなりますから。落ち着いてください」と声をかけられ、励まされてしまったのです。

リーダーとして情けない話ですが、その2人とは、その後もいいチームを組むことができ、プロジェクトも無事終了させることができました。そして現在でも、彼らとは友人としての関係が続いています。


その後もいろんな方とチームを組みましたが、思えば私の場合、どちらかというと「部下に助けてもらう」タイプのリーダーであったように思います。

本やテレビなどで見かけるようなカリスマリーダーに、あなたが必ずしもなる必要はありません。むしろ、自分らしさや自分の強みを把握し、それらを活かした**「自分なりのリーダーシップ」**を見つけることが大切なのです。

\Hint/
03

【思い込み②】部下よりも優秀じゃなきゃいけない？

●上司は部下に何でも勝っていなくてもいい

私は、管理職になった当時、部下よりも知識や経験がないと管理職としてマズイ、部下に舐められるんじゃないか、と不安に思っていました。

そのため、「経験でカバーできなければ、せめて知識だけでも」と思い、手当たりしだいに資料や本を読んで勉強したことを、よく覚えています。

それでも、経験年数の多い、ベテランの部下を前にして気兼ねするところがあり、ちょっと腰の引けた態度をとっていました。

その後、コーチとしていろんな若手リーダーと関わるようになり、当時の私のような不安や恐れをもっている方が意外と多いことに気がつきました。

本当に、知識や経験が部下よりも勝っていないといけないのでしょうか？

部下以上にその分野に精通していないといけないのでしょうか？

今は、私はそうは思っていません。

なぜなら、基本的に**上司の役割は実務を行なうことではない**からです。

管理職の役割は、チームとして成果を出すこと。そのために必要なのが、**部下のもつ力を引き出して、チームの成果につなげていく**ことです。

もちろん、知識や経験が豊富であればあるほど、部下が問題を起こしたときのフォローなど、やりやすいことはあるでしょうし、自分の自信にも一役買うでしょう。

たとえ経験はなかったとしても、まずは部下の話や状況を理解できるくらいには知識を身につけたほうがいいでしょう。

でも、部下を凌駕するほど、その分野に精通していることは、必ずしも必要ではないのです。

●上司の知識や経験が逆効果になる場合も

逆に、上司が部下よりもその分野に精通していることが、デメリットになることだってあります。

たとえば、部下が上司に遠慮して発言しなくなってしまったり、上司の言いなりになってしまったり、「上司に聞けばいい」と自分の頭で考えなくなってしまったりする可能性があります。

また上司自身も、無意識に部下をコントロールしたくなります。そうなると、せっかくチームで生み出されるかもしれない新しいアイデアや発想が、制限されてしまう可能性もあります。

上司が部下よりもすべてにおいて勝っていると、部下は上司の単なる手足でしかなくなり、**部下とチームを組む意味が半減してしまうリスク**があるということです。

オーケストラの指揮者をイメージしてもらうと、わかりやすいかもしれません。指揮者は、オーケストラ内の数ある楽器に精通し、すべてを弾きこなせるかというと、きっとそうではないでしょう。

でも、指揮者がそれぞれの楽器の特徴や楽曲全体における位置づけ、役割やポイントを押さえ、必要な指示を出していくことで、1つの楽曲をつくり上げていくのです。

●管理職に必要な2つの力

それでは、管理職が部下の力を引き出し、チームの成果を最大化するために、磨いておくべき力とは、何でしょう?

それは、

●相手から引き出す力（コミュニケーションのスキル）
●論理的に考える力（ロジカルシンキングのスキル）

です。

「相手から引き出す力」とは、相手を受け入れ、相手の話をよく聞き、相手から能力ややる気を引き出すコミュニケーション力のことです。

また、管理職の役割として、部下が何か失敗や問題を起こしたり、チームとしての課題が見つかった場合には、これを解決していくことも必要でしょう。こんなとき、実務上の知識や経験以上に必要となるのが、「論理的に考える力」です。

以前、サポートしていた管理職のクライアントさんに「尊敬する上司はいますか?」と聞いたことがあります。

そのクライアントさんは、

「仕事で悩んで相談に行ったとき、『それって、こういうこと?』と、私が悩んでいたことを整理して、うまく絵で表わしてくれた上司のことを尊敬しています。

その上司と話すことで、自分がどこにつまずいているかとか、何をしなければいけないかとか、そもそも自分が仕事で何を達成しようとしていたかなどを理解することができました。自分もあんなふるまいができたらいいなと思っています」

と話してくれました。


そう、**管理職に求められているのは、細かい業務内容ではない**のです。なぜって、それは部下のテリトリー、部下の役割だからです。

1本1本の木を植え、育てるのは、部下の仕事。

一方、森全体としてどうなっているか、ちゃんと想定通りの森がつくられつつあるか、一部にだけ木が密集していないか、森のどこかで木が伸び悩んでいないか、本当は広葉樹を植える予定のところに針葉樹を植えていないか……。そんなところを見ていくのが管理職の仕事なのです。

にもかかわらず、部下より業務に長けていなくてはと思ってしまうと、まさに「木を見て森を見ず」になってしまいかねません。

もちろん、チームの担当分野について知識や経験を深めていくことは大切ですが、管理職としては、それだけではなく、仕事の全体像や問題の本質を捉える思考力を磨いていきましょう。

\Hint/
04
【思い込み③】プライベートをあきらめなきゃいけない？

●結婚や出産、子育ては両立できる？

ある程度大きな仕事もこなせるようになり、「管理職にならないか？」と声がかかりやすい年齢。それは同時に、結婚、出産、子育てといったライフイベントを考える時期でもあります。「結婚したばかりなんだけど」「子供をつくりたいと思っていたところなのに」「管理職になって両立できるんだろうか」……そういう声もよく聞きます。

ライフイベントの中でも、特に悩ましいのは、妊娠・出産のこと。出産にはいわゆる適齢期（出産可能年齢）があることを考えると、「今、妊娠・出産をしておかないと……」と焦りを感じ、管理職のオファーを断ろうかな、という気持ちになるのもよくわかります。

また、子育てがどのくらい大変なのか。人から話は聞くものの、実際のところは、やってみないとわからないもの。そんな「わからなさ」も不安に拍車をかけます。

それでは、結婚、出産、子育てをしたいのであれば、管理職はあきらめたほうがいいのでしょうか?

もし迷っているのであれば、私は、あえて、**「やってみたら」**とお伝えしたいと思います。

もちろん、「私の優先順位は、絶対、出産・子育て。だから、まずはそちらに集中したいので、管理職はやらない」と心の底から思うのであれば、その選択でいいと思います。

でも、管理職にも興味はあるけれど、両立できるかどうか不安だから、やめておいたほうがいいんじゃないか……という方には、「やってみたらどう?」とお伝えします。

というのも、どうなるかわからない未来のことを案じて、今、目の前にある機会をあきらめるのはもったいないからです。

また、両立できるかどうかは、自分の捉え方、やり方しだいというところがけっこうあります。実感値としてお伝えするならば、やったらやったでいくらでも方法はあるし、やってやれないことはないと思うからです。

「両立できるのか?」と不安になる背景には、「管理職という仕事は大変なんじゃないか?」「無理しなきゃいけないんじゃないか?」という思いがあるかもしれませんが、次にお伝えするように、逆に、管理職だからこそやりやすいこともあるのです。

●管理職だからこそできることがある

「管理職になると、仕事が増えるんじゃないの?」という疑問をもっている方は少なくありません。

でも、**「管理職=プライベートが蝕まれるほど仕事が増える」という公式はあてはまりません。**

まず、管理職になれば、そして上位職になればなるほど、**自分でコントロールできる範囲が増えます。**

たとえば、自分自身が上司になるので、定時直前になって「今からこれやってくれない?」なんて頼まれごとをされることも激減しますし(一部例外はあるかもしれませんが……)、打ち合わせの時間1つとっても、自分で決めることができます。

小さい子供を育てながら管理職をしていたある女性は、「夕方以降の会議はしない」ということを、チームのルールとして決めていたといいます。彼女自身、子供の送り迎えを考えるとそうせざるをえないという側面もありましたが、部下にとっても、夕方拘束されることがなく、自分の裁量で定時退社することができ、プライベートな用事も入れられるということで、チームの中で特に問題になることはなかったそうです。

次に、管理職になると、**実務は部下に割り振ることができます**。

一方、管理職の仕事として増えるのは、目標をどう達成していくか、チーム内の役割分担をどうするか、どう問題に対処するか、などを考えることだったり、顧客や他部署、上司、部下へのフォローをすることとです。よって、管理職の仕事は「作業量」が減る一方、「考えなければいけないこと」が増えるのが、本来の組織での役割分担です。

もちろん、プレイングマネージャーの立場で、それなりに実務を担わなくてはならないケースもありますが、自分のためだけでなく部下のためにも、できるだけ部下に実務を任せ、管理職はマネジメントを担うことを目指せるといいですね。

そう考えると、管理職だからといって、必ずしも仕事が増えるわけではありませんし、プライベートを犠牲にしなければいけないほど長時間労働になるわけでもありません。

ちなみに、自分のためだけでなく部下のためにも、管理職として進めたいのは、**誰かが休むことになっても、みんなでカバーし合ったり、うまく仕事を進めたりするための仕組みや体制をつくる**ことです。

たとえば、ある企業では、子供の急病でオフィスに行けなくなっても、電話会議システムを活用してリモート（遠隔）で打ち合わせができるようになっていました。実際、お子さんがそばにいらっしゃる方を含めて数人で電話会議をさせていただいたことがありますが、私の実感値としてお話しする限り、特に支障は感じませんでした。

うまく機能するチームづくりは、単に管理職の役割というだけでなく、チームにとっても、そして管理職自身にとってもメリットがあることなのです。

●お給料が上がると選択肢が増える

また、それらに加えて挙げられる管理職のメリットはお給料のこと。

管理職になると、ほぼ間違いなく、お給料が上がります。それに伴って、お金で解決できる選択肢が広がります。

たとえば、子育てに関して言えば、

- **家事を効率化するために家電を購入する（食洗機、自動掃除機など）**
- **移動にタクシーを使う**
- **いざというときにはシッターさんやヘルパーさんを雇う**

などが可能になってきます。

つまり、「お金で時間を買う」という選択肢をもつことができるのです。そういった点でも、管理職のほうがむしろ子育てや介護などとの両立がしやすい側面があります。

\Hint/
05

【思い込み④】専門職として極めたかったのに……

●一度やってみてからでも遅くない

管理職になるよりも、専門職（スペシャリスト）としての道を極めたかったのに……。そう思う人もけっこう多いのではないでしょうか。

確かに、「手に職」があると、つぶしがきく、出産や子育てを経ても居場所を見つけやすい、そんな気持ちも働きます。

でも、せっかく管理職になる機会を得たのであれば、一度管理職を試してみたうえで、やはり専門職に戻ることを希望するのか、それとも、そのまま管理職の道を行くのか、判断してもいいのではないでしょうか。

というのも、**やってみてもいないことを想像だけで「向いていない」「楽しくない」と判断してしまうのは、とてももったいない**からです。

実際、やってみたら「思いのほか、楽しかった」「自分はこの仕事が好きだということがわかった」「けっこう向いているかも」とわかることが、往々にしてあるからです。

たとえば、私自身、子供の頃から恐ろしいほど人見知りで、「人前でしゃべる仕事」なんて、ありえないと思っていました。

でも、たまたまご縁があってコンサルティング業界に入り、研修講師をやったところ、「あれ、これは意外におもしろい」となり、現在に至っています。子供の頃の私からしたら考えられなかったことですし、親もびっくりしています。

●管理職になることはあきらめることじゃない

あるクライアントさんは技術者。世の中の役に立つ製品を開発したいと思っていました。

そんな彼があるとき、管理職に任命されることになりました。

当初、彼はそれがイヤだったそうです。技術者としての道を極めたいのに。自分の手で製品を開発したいのに。それを誰かに任せたり、人のマネジメントをするなんて、嫌だと。

でも、実際に管理職になって、そのクライアントさんが気づいたのは、管理職になったからといって、「世の中の役に立つ製品を開発する」ことをあきらめることにはならない、ということでした。

むしろ、1人ではなくチームで取り組むほうが、より大きなことができる、よりよい製品づくりにチャレンジできるということに気がついたのです。

彼にとって、「あ、管理職もいいかも」と思えた瞬間だったそうです。

経験もしていないことを、「それは向いてない」「好きじゃない」と判断してしまうのは、本当にもったいないことです。

確かに、実際問題として、管理職よりも専門職のほうが向いている人、その志向性が高い人はいます。でも、自分がそうなのかどうかを判断するのは、試してみてからでも遅くないのではないでしょうか。

与えられた機会、ぜひチャレンジしてみることをおすすめします。

●苦手だと思い込むことの怖さ

「管理職に向いていない、やりたくない」と思っている人へ。本章の最後にもう1つ、私の実体験をお話しさせてください。

以前、ヨガの体験レッスンに行ったとき、先生から、

「由佳さん、体が柔らかいですね～」

と言われました。

「ええ！　本当に⁉」

正直、ものすごくびっくりしました。だって、私は自分のことを体が硬いと思っていたからです。

「本当ですよ。腕回しとか、可動域が広いですよ」

先生にそう言われ、半信半疑ながらも、とてもうれしくなってしまいました。

と同時に、「人から言われた言葉の影響ってすごいなあ」「思い込みって、あるんだなあ」と思わずにはいられませんでした。

というのは、私がずっと「体が硬い」と思っていたのは、小学校5年生のとき、体育のマット運動をしていて、担任の先生から、

「おまえ、体硬いなあ」

と言われたことが、きっかけだったからです。

「そうなんだ。私って、体、硬いんだ」

それ以来、ずっとそう信じていました。

そのため、体の柔らかさを求められる体操などを部活でやろうなんて、思いもしませんでした。


確かに小学校5年生のとき、私の体は硬かったのでしょう。だから、先生はそう言ったのでしょうね。

でも、小学校5年生のときのことだから、30年以上も前です。その間、体を柔らかくする機会は、いくらでもあったと思うのです。にもかかわらず、30年以上前の先生の一言にしがみついて、ずっと体が硬いと思い込んでいた自分にびっくりしました。

皆さんにも、そんな思い込みがあるかもしれません。子供の頃、親や教師に言われた一言。社会人になって、上司や周りから言われた一言。過去に、失敗した経験や出来事。それらから、「自分にはムリ」「自分は苦手だ」と信じていること。

思い込みの威力は強力で、自分があえてその思い込みを疑おうとしない限り、あるいは、ヨガ体験で先生が言ってくれたように、誰かが新たな見方を与えてくれない限り、自分を「ムリ」「苦手」の世界から出してくれません。**「ムリ」「苦手」の世界にいる限り、新たな機会を得ることも、自分の力に気づくこともできない**のです。

あなたのところに来た「管理職をやって」という言葉は、「自分では勝手に苦手と思っているけど、本当は、苦手じゃないと思うよ」そんな、新しい世界への扉を開けてくれる一言かもしれません。

その言葉を道しるべに、新しい世界をのぞいてみてはいかがでしょうか。やってみたら、「案外そんなことないな」と思えること、きっとあると思いますよ。

ここまで、管理職に「なる」にあたっての不安要素について扱ってきました。

2章からは、実際に管理職を「やる」にあたって押さえておきたい具体的なノウハウや考え方について、見ていきましょう。

WORK 1

不安の正体をはっきりさせよう

Q1 会社や上司は、あなたのどういうところを認めて、あなたを管理職にしたと思いますか？　管理職としてのあなたの強みを５個、挙げましょう。

Q2 管理職になるにあたって、あるいは、現在、管理職をしていて、不安なことは何でしょうか？思いつく限り挙げましょう。

Q3 Q2で挙げた「不安なこと」を解消・緩和するために、できることを考えてみましょう。

POINT

不安というのは、ただ漠然と抱えているだけだと、どんどん自分の中で膨らんでしまいます。何が不安なのかを明確にし、対処できることとそうでないことを切り分けて考えましょう。不安の正体をはっきりさせれば、やみくもに恐れずにすむようになります。

2
章

「そもそも管理職って何をすればいい？」新米リーダーの仕事の心得

\Hint/
01

管理職の仕事って何？

●私の仕事がない？

管理職になってすぐの頃、私の大きな疑問は、**「私の仕事って何なんだろう？」**ということでした。

私の場合、初めて就いたのは、プロジェクトマネージャーの仕事でした。部下2名とともに、お客様の要件を引き出しながら、システムを開発し導入する仕事です。

1章でもお伝えした通り、私は、管理職になるにあたり会社にお願いをして、外部のリーダー研修を受けさせてもらいました。リーダーとしての心得や身につけるべきことはよくわかったのですが、結局、具体的に日々の中で何をどうすればいいのかはよくわかりませんでした。

これまで自分がやっていたような、システム開発やお客様との要件の刷り合わせなど、個々の実務をやっていたのでは、自分がいる意味がなさそう。じゃあ、それをすべて部下に割り振る？　でも、部下にすべて振ってしまったら、私は何をすればいい？部下の進捗管理？　でも、それだけだと時間を持て余してしまうし、仕事をしていないことになってしまうのでは？

その空いた時間を何に使えばいいのだろう……。


この私のように、管理職になりたての頃は、「自分の仕事って何だろう？」ということがわからず、不安になる方も多いようです。また、役割が変わり、部下に実務を割り振ることで、一見、自分に「空き時間」ができてしまうことにも、戸惑いを感じます。

先日、管理職になって1年ほど経った、あるクライアントさんが、

「当初、自分が手を動かしていないことが不安で仕方がありませんでした。**仕事をしていないような気持ちになっちゃうんですよね**」

とおっしゃっていましたが、まさにその感覚ですね。

自分の仕事が何なのかよくわからないうえ、手を動かしていない時間があることが、サ

ボっているような感覚に陥ってしまうのです。それがさらに不安を生む。

そして、その不安から両極端に振れる人も多いように感じます。**「これまで同様、実務をガンガンこなし、部下に仕事を渡さない」**人と、**「部下に仕事をすべて渡してしまう一方で、自分は何をどの程度まで関与すればいいかわからず、関与しなさすぎに陥る」**人。

私のこれまでの経験からいうと、女性は、どちらかというと前者が多い傾向にある印象があります。

●あなたが管理職として求められている役割を確認しよう

部下のいない管理職を除いて、管理職の基本的な役割は、大きく次の2つです。

①仕事のマネジメント（チームとして成果を出す）

- チームのミッションや役割の明確化、目標設定&共有
- 目標達成に向けた業務管理（業務把握、計画策定、役割分担と業務指示、進捗確認）
- 問題解決（リスク管理、トラブルシューティング、業務改善）

②人のマネジメント（人を巻き込む、育てる）

- 部下の指導・育成
- コミュニケーションなどチーム活性化
- 人事評価
- 社外や他部署との調整
- 上司との連携

一担当者と管理職との仕事の違いの1つに、「チーム」「部下」という存在が関わってくることがあります。管理職になって間もない人で、「仕事中、部下に作業を中断されることが多くて、仕事にならない」ということをおっしゃる方がいます。でも、部下を育てたり、フォローするのは、〝余計な負担〟ではなくて、れっきとした管理職の仕事の1つです。

管理職の具体的な仕事が何であるかは、企業や役職、置かれた状況（部下のスキルレベルなど）によって異なります。

たとえば、ベンチャーのような企業であれば、管理職といっても、プレイングマネージャーとして実務をこなしながら、部下のマネジメントを行なっていくことが求められるでしょう。「突撃隊長」のように、先頭を切ってどんどん業務をこなしていく人です。

一方、ある程度の規模の会社で、かつ、業務がほぼ定型化されているような部門であれば、管理職は「仕事のマネジメント」と「人のマネジメント」に終始するということもあるでしょう。

まずは、会社や上司に、「管理職としてどんな役割が求められているのか」を確認しましょう。


あわせて、**部下となる人たちの状況も早いうちに把握しましょう**。

部下がベテランばかりであれば、実務はほとんど任せてもいいかもしれませんが、部下が新入社員やまだ経験の浅い人たちである、あるいは、チームのミッションに対して人員が少ないということであれば、自分も実務をしながら部下を育てていくことが求められているからです。

お客様を含む社外の取引先や他部門とも早いうちにコンタクトをとり、管理職に対して何が求められているか、情報収集しましょう。

こうして、まず**「自分に求められる役割」を確かめる**ことが必要です。

●役割の変化は「手放す」ことでもある

管理職になったとき、けっこう苦労するのは、マインド面で「手放す」ということだと思うのです。なぜって、**役割が変わるということは、これまで大事だと思っていたことも変わる場合がある**、ということだからです。

一担当者だったとき、「すべき」であったこと、「それがベストだ」とされていたこと。これらはもしかしたら、管理職となった今、そうではなくなっているかもしれません。先程挙げた、自分で手を動かすこともそう。

他にも、

- **自分がベストだと考えていた仕事の進め方**
- **自分の名前や成果にこだわること**
- **問題や失敗を恐れること、問題や失敗を起こさないようにすること**
- **短期的な見方をすること**

管理職となり、部下を通じて成果を出す役割となった今、新しいことを学ぶ努力だけでなく、過去のことを手放す努力も必要なのです。

\Hint/
02

主語は「私」ではなく「私たち」

●感覚を変えるには意識し続けること

管理職となって身につけるべきことの1つに、「**みんなで成果を出す**」**感覚**があります。言い換えると、「自分1人でがんばる」ことを手放すということです。

これ、意外にハードルが高いのです。なぜなら、皆さんにはプレイヤー時代に「1人でがんばる」ことの成功体験があるから。そのような成功体験を手放すにはどうしても時間が必要です。

チームリーダーになったAさんの場合も、当初は、「自分で最後までやりたい」という思いが強く、受けた仕事をなかなか手放せなかったのだとか。

そんなAさんが、「みんなで成果を出す」感覚をもてるようになったのは、チームリーダーになって7カ月後のことでした。

「以前だったら個人の成果しか考えられなかったのが、チームの成果として考えられるようになってきました。そしたら、チームもうまく回るようになったんです」

とAさん。


Aさんの変化のきっかけは、上司からの一言で、自分の状態を客観的に見られるようになったことでした。

うまくチームを回していけていないAさんを見て、上司が、

「個人プレイヤーとしてやりたいことをやり、チームメンバーとの間では言われたことだけをやっているからではないか?」

と言ったのだそうです。

Aさんは、「あれ、そうなのかな?」と、意識するようになり、あるときから、「チームみんなでつくり上げる」ということが、ストンと腹に落ちたといいます。

「私がやりたいことも、チーム全体でやればよいと考えられるようになりました。これま

でも、『チームで成果を出す』とはどういうことか、頭ではわかっているつもりでしたが、今は実感としてわかってきました」

Aさんは、そのようにおっしゃっていました。

これまで培ってきた感覚を変えるのですから、時間がかかっても当然です。自分自身に、

●求められる感覚に違いがあることを認識する

●新たな感覚を身につけようとする

という姿勢がないと、なかなか変えるのは大変なことでしょう。

まずは管理職として、**「私が」ではなく、「私たち」が成果を出す**、ということを意識してみましょう。

管理職の仕事は、そこから始まります。

●目指すべきは「1＋1＝3」になるチームづくり

メーカーで管理職になったBさんの場合、新しい感覚を身につける道しるべとなったの

は、かつてお世話になった上司の言葉でした。

「私とBさんが仕事をするとき、1＋1が2じゃだめなんだよ。1＋1を3になるようにしなきゃ。お互いがアイデアを出して、そこからもう1つアイデアが出てきて……というように、どんどんアイデアが広がっていく感じ。そうじゃないと、単に2人が仕事をしているだけになっちゃう。**チームとしての＋αがないと、チームの意味がない**んだよ」

これを言われたとき、Bさんは部下という立場でしたが、この上司の言葉が「なるほど、本当にそうだな！」と、とても印象に残ったのだそうです。

そして、自分が上司という立場になってからも、1＋1＝3にも4にもしていくことを心がけています。

\Hint/
03

チームづくりのスタートは関係づくりから

●初対面の人との関係づくりを思い出してみよう

チームづくりをスタートするのに必要なことは、まず**メンバーとの関係をつくる**ことです。これは、当たり前のようでいて、意外に忘れがちなことです。

ご自身の経験を思い返してみてください。

初対面の人と会ったとき、最初から心を許して、仕事のことやプライベートのことなどをオープンに話したりできるものでしょうか？　初対面のよく知らない相手からのアドバイスをすぐに受け入れられるものでしょうか？

おそらく、そんなことはないでしょう。相手が信頼できる人かどうか、こちらの話をしても大丈夫かどうか、様子を見ながら、徐々に心を開いていくものではないでしょうか。会ってすぐの相手から「もっとこうしたほうがいいよ」と言われても、「私のこと、まだよく知りもしないくせに」と思ってしまうのではないでしょうか。

最初に関係をつくってからでなければ、相手に心の内を話してもらったり、お願いを聞いてもらったり、アドバイスを受け入れてもらったりするのは難しいことです。まずは信頼関係という基盤が必要なのです。

にもかかわらず、仕事の関係となると、そんな当たり前のことを忘れてしまいがち。つまり、**関係づくりをおろそかにして、相手を動かそうとしたり、やる気を引き出そうとしてしまう**のです。

もちろん、仕事は待ってくれません。日々 on going、動いています。最初から指示命令やアドバイスなどが必要になってくることでしょう。でも、忘れないでほしいのは、メンバーとの関係づくり。信頼関係を築くタネをまいていくことが大事です。

じゃあ、どうすれば相手との関係を築けるのかというと、まずは声掛けから。

「おはよう」「お疲れ様です」「ありがとう！」

日常の中で、自分からメンバーに声をかけていきましょう。

「そんな当たり前のこと」と思うかもしれませんが、声掛けの威力はバツグンです。

私の娘が通う保育園は、妊娠中に見学に伺ったときも「雰囲気のいい保育園だなあ」と思っていたのですが、入園後、娘を連れて通い始めて以来、娘だけでなく親である私もこの保育園で毎日元気をもらっていることに気がつきました。

なぜって、保育園の皆さんの挨拶がとても素敵なのです。通い始めたばかりでほとんど面識がない頃から、どのスタッフさんも私を見かけると、ちょっと離れた場所からでも「おはようございます！」「いってらっしゃい！」と明るく声をかけてくださいました。

おそらくこの園の雰囲気の影響でしょう、お子さんを預けていらっしゃる親御さんも顔を合わせると、みんなにこやかに挨拶をしてくれます。

気持ちのいい習慣はいとも簡単に伝播し、私も、通い始めて2日しか経っていない当時から、人を見かけるとこちらから迷わず「おはようございます！」と自然に声をかけるようになりました。

明るく元気な挨拶は、プラスの〝気〟を生み、これが相互作用となって素敵な場をつくり出すんだなあと実感する経験でした。

●平等な声掛けが、相手に振り回されないスタンスをつくる

とっつきにくい相手、話しかけても反応が薄い相手など、自分にとって苦手な印象のある相手に声をかけることを、躊躇していませんか？　「相手が挨拶してくれたら、私も挨拶しよう」と思ったり。もしかしたら、そういう相手だけではなく、「私は管理職なんだから、相手からまず挨拶すべき」というプライドから、相手が話しかけてくるまで待ってみる……なんてこと、していませんか？

もし、このようなことをしてしまっているようなら、すぐにやめましょう。**相手がどんな状態であっても、自分と相手との立ち位置は関係なしに、自分から挨拶をする**のです。

相手の状態や立ち位置に応じて、挨拶するかしないかを決めるということは、見方を変えると、相手に振り回されているということです。

それって、すごくしんどいです。

「相手がどうであろうと、私は挨拶する」。相手のせいにせず、そう決めているときのほうが、心がすっきりとラクでいられます。そうしたブレない姿勢が、結局のところ、相手にもいい影響を及ぼして、相手の変化にもつながります。

誰に対しても、自分から平等に声掛け。そこから関係が始まります。

\Hint/
04

任せることが苦手なあなたへ

●どうしても任せられないのは、なぜ？

管理職になって間もない方のご相談にのっていると、「任せる仕事がない」「なかなか任せられない」という話がよく出てきます。この項では、仕事の任せ方について考えていきましょう。

まず「任せる仕事がない」という人へ。

「任せる仕事がない」というのは、往々にして思い込みであることが多いです。探せば何かしら、部下に任せられる仕事はあるものです。たとえば、

●自分の仕事の、作業の一部を任せる（「判断」は入らない）
●影響の小さいものを任せる（「判断」は入るが、顧客や後工程に与える影響が小さい）

こういったところから任せてみると、トライしやすいでしょう。

それでも「任せられない」という人へ。

その大きな理由として、「任せることが不安」ということがあるのではないでしょうか。

「本当に大丈夫？」

「できないんじゃないの？」

「あとで尻拭いするくらいなら、自分でやっちゃったほうが早いんだけど」

という声が、心の中をよぎっていませんか。

その根本には、そもそも相手に対して「失敗しない」ことを期待する気持ちがあるのではないかと思います。

もしそうだとしたら、その期待は変えましょう。

というのは、相手は失敗するものだからです。**「相手が失敗しないことを期待する」のではなく、「相手が失敗してもすぐフォローできるようにする」**ことを目指しましょう。

これは、子育てを例にとって考えるとわかりやすいと思います。

子供がトイレで用を足せるようになるとき、親の手助けなくものを食べられるようになるとき、1人で着替えられるようになるとき、最初は必ず失敗します。また、失敗しなくなっても、初めはとても時間がかかるものです。

でも、何度もトライすることで、どんどんできるようになり、最終的には自分1人でできるようになります。ゼロから学ぶというのは、そういうものです。

部下にしても同じです。できないことができるようになるには、やはり必要な過程を経なければならないもの。そう考えると、「失敗しない」ことを前提とするよりは、「失敗する」ことを前提として、そのフォローの仕方を工夫したほうが、お互いにとってストレスが少ないですし、部下も育ちやすくなります。

●自分基準の完璧を求めないこと

特に女性は、すべてにおいてきめ細やかに対処して進めたいという人が多いように感じます。それはそれで長所なのですが、その一方で、「チームで仕事をする」となったとき、

「ちゃんとできる？」「間違うんじゃないか？」といった不安から、仕事を部下に任せられなかったり、部下に任せた仕事について、細かいところまで介入してしまったり……ということになってしまう危険性があります。

……なんて、えらそうに言っていますが、かくいう私もそうでした。かつての上司に「小川さんって、マイクロマネジメント（部下の仕事を細かくマネジメントしようとする人）だね」と言われたことがあります。

たとえば、部下が任せられた仕事をやり遂げる力をもっている場合でも、やり遂げるまでのプロセスが自分と異なると、それだけで不安になってしまうものです。

でも、相手が自分と同じようにしないからといって、それが間違いだとは限りません。もしかしたら、相手のほうがよりよいやり方を見出すことだってあるのです。**自分基準で相手に完璧を求めることはやめましょう。**

Hint 05

「もう半年も経つのに、うまくできない」なんて思わなくていい

●思い込みのスパイラルにはまっていませんか？

人は何かと基準をもちたがります。「普通こうだろう」という基準。

そして、その基準をもとに自分の状態を測ることで、「私はまだ大丈夫」と安心したり、「今、ちょっとやばいかも」と焦ったりするものです。

でも、この**「普通」という基準に落とし穴があります。**

人はなんとなくの思い込みで「普通」を定めてしまったりするものです。何をもって「普通」というのか、基準があいまいなのです。

あの人はこうだった、この人もこうだったと、せいぜい周りの2～3人に共通して見受

けられたことをベースに、自分の中の「普通」を決めてしまいがち。

さらに、その「普通」を基準にして、自分に「ダメ出し」をして、勝手に自信をなくしたり心を焦らせたりするものだから、やっかいなのです。


かくいう私もそうでした。

何か新しい役割についたとき、「半年くらいの間には、できるようにならなければいけない」と思っていました。

転職したときもそう、昇格したときもそう。おそらく、私のその思い込みは、転職したときの試用期間が3～6カ月に設定されていることが多かったことから出来上がったものだと思います。

とにかく遅くとも半年以内には、一通りこなせるようにならなければ失格……なんて思っていました。


だから、半年経ってもできない自分に自己嫌悪の日々。どんどん自分にプレッシャーをかけ、自分を追い込んで、それがゆえに焦ってしまって、さらにうまくいかない……負のスパイラルに陥ったこともしばしばでした。

でも、この「半年」という数字。本当に「そこまでにできるようになることが普通」なのでしょうか？

私の場合、その「半年の呪縛」から解放されたのは、ある記事をたまたま目にしてからでした。そこには、「転職後、新しい職場に慣れるまでに、通常1年以上かかる」という内容が書かれていたのです。

「え、そうなの？　だったら、私がまだ慣れてなくても、十分ありなんじゃない！」

そう思って、ふーっと安堵し、焦りでぎちぎちだった心に少し余裕が生まれたことを覚えています。

その後、目の前のことをこなしながらなんとかがんばり抜くことで、自分なりに成果を出せるようになりました。

結局、「半年」という基準を自分に課して、むやみやたらに自分にプレッシャーをかける必要なんてなかった、自分で自分の首を締めていたな、と振り返って思います。

●自分がかけたプレッシャーを外せるのは自分だけ

私以外にも、勝手な思い込みから自分にプレッシャーをかけてしまう方、けっこういらっしゃるんじゃないでしょうか。

私のクライアントのCさんもそうでした。

出産後、会社に時短で営業として復帰。そこから3カ月経ったものの、まだ慣れない、以前出していたような成果がまだ出せていない……。思い悩んで、コーチングを受けてみようと、私に連絡をくださったのがCさんと知り合うきっかけでした。

コーチングの中で、彼女が言った「以前の部署に戻って、もう3カ月も経つのに、まだ全然慣れていないし、何もできていない」という言葉に対して、私はこう問いかけました。

「3カ月でできるようにならなきゃいけないって、それ、本当ですか？」

それを聞いた彼女は、

「え⁉　う〜ん、確かに、どこから『3カ月』って思ったんだろう……」

彼女が「3カ月でできるようにならなきゃ」という呪縛に気づいた瞬間でした。

コーチングセッションの後、彼女からこんなメールをいただきました。

「復帰以来ずっと、『こんなはずじゃなかった』と思って仕事をしてきましたが、結局は自分に対する過大評価でした。もしかしたら、過去に成果を出していたと思っていた自分さえも、それほどでもなかったのかもしれません。

正直、少しホッとしています。周りからの期待もですし、自分自身が自分に期待をし、しかも期待以上の成果を出さなくてはと背伸びしていたんだと思います。それに気づけて、心が軽くなりました」

私たちは、無意識のうちに、自分に基準を課しています。「きっとこうなるだろう」「こうなるはず」「こうなるべき」って。

それは決して悪いことではありません。基準とは、言ってみれば目標です。そこを目指してがんばるというのは、1つの動機づけになります。

でも、問題なのは、**その基準が適正でないかもしれない**こと。そして、その基準に縛られて自分にダメ出ししてしまうこと。

そうなると、「こんなはずじゃない……」「私は仕事ができない……」と、自分を追い詰めて、余計に能力を発揮できなくなってしまいます。

先程のCさんの場合は、その後、お話ししているうちに、「産休・育休期間中に、会社の組織が急激に大きくなり、産休・育休前とは求められる仕事のやり方などが変わっている」ということに気がつきました。

ご自身だけでなく、会社の状況も変わっているにもかかわらず、「復帰後、すぐに元のように仕事ができなきゃいけない」という思い込みから、自分にプレッシャーをかけていたのですね。そこに気づかれて、「な～んだ、そうだったのか」と、心がラクになったとのことでした。

自分には自分のペースがあることを理解し、場合によっては、自分の課した基準を疑ってみましょう。

やみくもに自分を責めたり、なかなかうまくいかなくてドツボにはまるのを、避けることができますよ。

WORK 2

自分の役割をおさえよう

Q1 あなたが管理職として求められている役割は何ですか？

Q2 過去やっていたことで、管理職になって手放したほうがいいと思うことは何ですか？（例：○○の業務について、全て自分でやろうとしてしまうこと）

Q3 Q2で挙げた「手放したほうがいいこと」は、どのようにすればできるでしょうか？　具体的なアクションを考えてみましょう。

POINT

一担当社員のときと管理職のときとでは、求められる役割が違います。まずは「今の自分」にとって何が必要で、何が必要じゃないのか、はっきりさせましょう。それが、管理職として成長する第一歩です。

3
章

「どう接したらいい？」部下のやる気を引き出すコミュニケーション

\Hint/
01

まずは日々の会話から

●誰でも気づいてほしい

皆さんは、人間の「三大本能」とは何か、知っていますか？

最近では、①**食欲**、②**性欲**に、③**集団欲**を加えて、三大本能というのだそうです。

3つ目の「集団欲」と聞いて、ちょっとびっくりしませんでしたか？

私も最初は驚きましたが、集団やチームの一員でありたい、認められたいという欲求が、誰にとっても大きいものだということは、腑に落ちるところです。

もちろん、部下もしかりです。この集団欲を満たすことは、相手に「この集団にいていいんだ」「自分も一員なんだ」という安心感をもたらします。また、その集団の一員として「がんばろう」という前向きなやる気にもつながります。

では、部下の集団欲を満たし、安心感や前向きな気持ちをもってもらうために、上司としてできることは何でしょうか？

それは、**「承認」**することです。

相手の目標達成を支援するコミュニケーション技法であるコーチングの分野では、相手に対する働きかけを「承認」と呼んでいます。具体的には「**相手の存在自体や相手の変化や成長に気づいて、それを伝えること**」です。

なんだか難しそう、自分にはできない、と思ったかもしれませんが、そんなことはありません。

一番簡単で、すぐできることは、2章でもお伝えした「声掛け」です。

たとえば、「おはよう！」「元気？」といった挨拶の声掛けも承認です。

「ありがとう！」「助かるよ」と、相手のしてくれたことに対して労いの言葉をかけるのも承認です。

「どうしたの？」「あれ、髪切った？」と相手の変化について声をかけるのも承認です。

また、「目が合ったら微笑む」「目を見て話す」「もらったメールにすぐ返信する」というのも、承認です。

相手の存在や行為を認め、それを相手にわかるように伝えること。それによって、相手は「気にかけてくれているんだな」「私のしたことに気づいてくれた」といった喜びや安心感、やる気を得ることができるのです。

●承認は後押しする力になる

私にとって印象的だったのは、私が心身の不調で休職したときの経験です。

実は、コンサルティング会社に入社した当時、なかなか成果を出せず、あまりの自分のできなさ加減にうつになりかけ、結局、1カ月ほどお休みすることになってしまったことがあります。

休職して1カ月後、復帰のための初出社日。仕事ができず、心身まで壊してしまった私に、みんなはどんな反応をするだろうか？「ダメなヤツ」「使えないヤツ」と思っていないだろうか？　そっけない態度をとられたり、スルーされたりしたらどうしよう……。

そんな不安と怖れで胸がつぶれそうになりながら、私はなんとかオフィスにたどり着き、恐る恐る会社の入り口のドアを開けました。

そのときです。受付のDさんの明るく大きな声が聞こえたのは。

「あ、小川さん、おはようございます！　お久しぶりですね～」

彼女の屈託のない朗らかな声に、私の縮こまっていた心がふっとゆるんだのを、今でもよく覚えています。彼女の一声があったからこそ、私は、その後、すっとオフィスに入り、オフィスでの日常生活に戻ることができました。

「この会社に仲間として受け入れてもらえるか」という不安をたった1つの声掛けがやわらげ、すっと環境に溶け込むことを後押ししてくれました。

これが承認の力だと、今思い返しても、つくづく思います。

\Hint/

02

仕事を依頼するときのコツ

●まず仕事の全体像を伝えよう

人に仕事を頼んで、こちらの期待通りにやり遂げてもらうことは、思った以上に難しいものです。

人に仕事を依頼するときのコツについて、今から考えてみましょう。

A「毎週金曜日、この表に、開発途中に発生した課題を入力しておいてくれる?」

B「毎週金曜日、この表に、開発途中に発生した課題を入力しておいてくれる? というのも、お客さんと話をしていて、お互いが認識している課題にズレがあることがわかったんだよ。だから、毎週月曜日に過去1週間に挙がった課題について認識合わせのミーティングをしようということになったんだ」

仕事の依頼をされたとき、AとB、どちらの伝え方のほうが、よりいい仕事ができそうでしょうか？

また、どちらの伝え方のほうが、より「がんばろう」という気持ちになるでしょうか？

おそらく、Bと答える方が多いのではないでしょうか。

仕事を依頼するときのコツ、その1つは、「**その仕事の全体像を伝える**」ということです。

ここでいう「全体像」とは、「部下が担当する仕事の、業務全体における位置づけ」のことです。

たとえば、

- **なぜその仕事が必要なのか？　背景や目的は？**
- **その仕事の成果物は誰にどう使われるのか？**
- **その仕事は後工程やお客様に対してどのような影響があるのか？**

といった、その仕事の全体像を、仕事内容とともにしっかりと伝えることが大事です。

これがちゃんと伝えられるか否かは、部下にとって大きな違いがあります。

Bの例のように、仕事の全体像を伝えてもらえると、自分がどう役立っているのかがわかります。この「役に立てる／役に立てている」という感覚が部下のモチベーションや、会社やチームのメンバーとしての仲間意識につながります。

また、「自分の仕事が誰にどう使われるのか」「何にどのような影響があるのか」がわかると、部下は、それに合わせて自分なりの工夫をすることができます。

たとえば、「〇〇を判断するためだったら、こういうデータもあわせて用意しておいたほうがいいかな」「お客様に見せる予定なのだとしたら、グラフもつけておいたほうがいいかな」というように。

さらには、仕事の全体像、言い換えると、各仕事間のつながりがわかってくると、別の仕事を依頼した場合でも、部下の理解や習熟が早くなります。

ちょうどジグゾーパズルのようなものですね。全体の完成図がわかっていると、一つひとつのピースをどこにはめればいいか、あたりをつけやすくなります。完成図がわかっていないと、そのピースをどこにはめたらいいか、難易度はぐっと上がります。

基本的に、仕事の全体像を伝えるということは、いいことづくめなのです。

その大切さを身をもって感じた経験を、ある法人で管理職を務めるEさんが話してくれました。

彼女は、管理職になったばかりの頃は、そこまで気が回らなかったと言います。

「管理職になったばかりの頃は、まだ自分の仕事自体をちゃんと把握しきれていなかったし、見通しをもってスケジューリングできているわけでもなかったから、部下に対しては、目の前の仕事をパスしているだけでした。完全に思いつきで振っていましたね。

でも、しばらくして仕事の優先順位や見通しがわかるようになってきて、この振り方じゃあ、だめだと思うようになって……。

それからです。まずはチームとしての仕事の1カ月先、3カ月先を部下に見せておいて、スケジュールとひもづけ、お願いする仕事の背景や目的を話すようにしました。そうやって、まず全体像を見せる。

このような仕事のお願いの仕方をするようになってから、だんだん部下が主体的に動いてくれるようになったように思います。自分で考えていろいろ動いてくれるというのかな。

なので最近では、目的だけ伝えて、具体的に何をどうやるかは、部下にアイデアを出してもらうようにしています。こちらの期待とは違うものが出てくることもありますが、そんなときでも、こちらの意見を押しつけるのではなく、『こういう発想で考え直してみて』と言ってみることを心がけています」

「仕事を頼む都度、全体像から伝える」というと、一見、「時間をとるんじゃない？」「手間がかかるな」と感じてしまいがちです。

でも、**全体像から仕事を理解してもらうことが、部下を育てることにつながります**。気づいたら、部下が戦力になっていたというのも、最初の段階の、このひと手間があるからこそなのです。

●3段階で任せよう

私たちは、「相手はわかっているだろう」という思い込みのもとに、無意識に相手に伝える情報をはしょりがちです。そして、それが、ミスコミュニケーションや行き違いを生み出します。

これは部下とのコミュニケーションでも同じ。ときどき、「お願いしたのに、全然できてない」「お願いしたものと全然違うものが出てきた」という声を、管理職の方から聞くことがあります。

でも、部下にそのことを指摘する前に、ちょっと振り返ってみましょう。部下が仕事を完了するために必要な情報がちゃんと伝えられているでしょうか？

必要な情報を省略せず部下に仕事を依頼するために、1つの指針となるのが「**仕事は3段階で任せる**」という考え方です。

具体的には、部下に仕事を依頼したり、やるべき内容を刷り合わせたりする際には、部下の業務習得レベルに応じて、

①WHY（背景や目的）
②WHAT（完了すべきこと、成果物）
③HOW（作業内容や作業手順）

の3段階で、伝えるべき内容を決めるという方法です。

もし部下が、知識やノウハウ・経験とも十分にもっていて、仕事上の方針も上司である自分とばっちりわかり合えているということであれば、①お願いする仕事の背景や目的（WHY）さえ、ちゃんと共有できればいいのです。

たとえば、

「予算確保にあたり、部長に総工数を説明するための資料をつくってくれる？」

「社内の定例ミーティングで関連部門に了承を得るために、○○の数値をまとめて、表にしてほしいんだけど」

というように。

そうすれば、部下は、その背景や目的を念頭に置いたうえで、どんな成果物を作成する必要があるか、作成するのにどういう手順で進めればいいかといったことは、自分で考えてやってくれることでしょう。そして、それらがこちらの期待から外れることは、ほとんどありません。

一方、もし部下が知識やノウハウ・経験をあまりもっていない、また、仕事上の方針を理解しているかどうかわからないということであれば、①背景や目的（ＷＨＹ）、②成果物イメージ（ＷＨＡＴ）、③作業内容や手順（ＨＯＷ）に至るまで、刷り合わせをしたほうがいいでしょう。

②成果物イメージ（ＷＨＡＴ）だったら、

●こういう内容で

●こういうフォーマットで
●こういう細かさで
③作業内容や手順（ＨＯＷ）だったら、
●こういう手順で
●こういうツールを使って
●こういう点に気をつけて

ということを、刷り合わせていきます。特に、その部下と初めて一緒に仕事をする場合や、部下が未経験者である場合は、このように進めたほうがお互いに安心ですね。

そして、もし部下の知識やノウハウ・経験の有無、そして、仕事上の方針の理解が、前記したものの中間くらい、つまり、ある程度は大丈夫だと思うが不安要素も残っているというケースであれば、①背景や目的（ＷＨＹ）、②成果物イメージ（ＷＨＡＴ）まで伝えて、③作業内容や手順（ＨＯＷ）は任せるというのもありでしょう。

相手の状態に応じて、とるべきコミュニケーションの内容や深さを考えることは、お互い安心していい仕事をするために必要なことです。

\Hint/
03

上手に褒めるコツ

●褒めるのが苦手だと思ったら

「褒めるのが苦手です。なかなか部下のことを褒めることができません」
「部下の褒めるところが見つかりません。誰にでも褒めるというのは難しいです」

部下育成研修の講師をしていると、受講者からそんな質問を受けることがあります。

褒めるのが苦手な人に見られがちな特徴の1つは、**「何か結果や成果が出たときでないと、褒められない」と思い込んでいる**ことです。

たとえば、ある仕事をやり遂げたとき、お客様から注文をいただけたとき、売上目標を達成したとき、こちらの期待以上の資料を作成してくれたとき……。確かに、こういうわかりやすい成果は褒めやすいですね。

じゃあ、こういった結果や成果が出ていない場合、褒めることはできないかというと、そんなことはありません。

部下が仕事を進める**「プロセス」**に着目してみましょう。「いいな」と思うことや「成長したな」と思うことはないでしょうか？

たとえば、しっかりホウレンソウしてくれている、結論から端的に話ができるようになってきた、資料を仕上げるまでの時間が短くなってきた、などなど。プロセスの中でちょっとでも前進していることがあれば、それは絶好の褒めポイントです。

●成長を自覚させてあげる

私たちは、自分の努力が身になりつつある、自分が前進している、という感覚を実感できると、「もっとがんばろう」と、やる気になります。

ダイエットや語学学習がいい例ですね。ダイエットしようと毎朝眠い目をこすりながら1時間走っているのに、全然体重が落ちない、やってもやっても効果が出ない……となると、気持ちが萎えてくるものです。そして、だんだん朝起きるのが嫌になってくる……。

でも、体重計に乗ってみて、ちょっとだけど体重が落ちてきているとなれば、「よし、このまま続けると、もっと痩せられる！」と、やる気を継続することができます。


人間、なかなか自分の成長には気づけないものです。特に、周りの人が経験豊かな人、できる人ばかりだと、つい自分と比べてしまって、なおいっそう自身の成長に気づかない。気づいても、「こんなんじゃ全然ダメだ」と過小評価してしまう。

そうなると、やる気は減退して、次の行動につながりません。せっかく一歩ずつ着実に成長していても、それではもったいないですよね。


上司として、部下がちゃんと成長していることを本人に自覚させてあげましょう。

そのために、たとえ小さな変化であっても、「できた」「前進した」ということは、伝えてあげる。それが、プロセスを褒めるということです。


では、どうすれば、部下の変化に気づけるでしょうか？

それは、部下に関心をもつことです。部下は今、何に取り組んでいるか？　うまくいっているか？　困っているところはないか？　どんなことに喜んでいるか？　どんなことに悩んでいるか？　今後どうなりたいと思っているのか？　などなど。

たとえば、**1日1回、「今日はこの人」と、重点目標（○○さん強化デー）**を決めてもいいですね。褒めることが苦手だったら、まずは部下に対して関心をもつことから始めましょう。

それが部下との距離を縮め、信頼関係を深めることにもつながります。

\Hint/

04

上手に叱るコツ

●部下と気まずくなるのが怖かったら

「叱るのを躊躇してしまいます。どうすれば、叱ることができるようになるでしょうか」

そんな質問を受けることがあります。

かくいう私もそうでした。

部下に対して、「あれ？　これってどうなの？」と思ったとき。

「それはまずいんじゃないの」と感じたとき。

ここは叱ったほうがいいんだろうなと感じている。だけど、叱れない。

これって、なぜなんでしょう？

私自身のケースやクライアントさんのケースを見ていると、大きく分けて2つの理由があるように思います。

まず1つ目の理由。それは、**「部下に嫌われるのが怖い」「その後の部下との関係が気まずくなるのが怖い」**ということ。

「叱る」というのは、相手にとって耳の痛いことを伝えることでもあります。それを伝えたとき、相手がどんな反応をするのか？　どんな受け止め方をするのか？

「素直に受け止めてくれたらいいけど、もし『えっ？』って思わせちゃったらどうしよう」

「嫌なヤツって思われちゃったらどうしよう」

「その後、部下との間にわだかまりができて、やりにくくなったらどうしよう」

そんな余計な考えが頭の中をぐるぐると巡り、結局、叱るタイミングを逸してしまう……ということが、私自身、よくありました。

そんな私がまがりなりにも「叱る」ことができるようになったのは、次の2つのことをするようになってからです。

まず1つ目は、**「叱るのだ」と思わずに「フィードバックするのだ」と思う**こと。

「叱る」というと、自ら部下を「罰し」に行くようで、なんだか怖い。「嫌われちゃったら……」と、つい思ってしまう。その気持ち、わかります。

でも、「叱る」のではなく、「フィードバックする」のだとしたら、それは相手の成長のために、「事実」や「起こったこと」や「こちらに見えていること」を伝えるだけのこと。

そう考えると、叱ることに対する精神的なハードルがぐっと下がります。

フィードバックとは、「相手の目指す姿と現状とのギャップを伝えることで、相手がよりよい状態に近づけるよう手助けをすること」です。

私たちは自分自身のことを直接見たり、観察したりすることはできません。でも、鏡を見て自分の口についているものに気づくことはできます。ビデオで録画した映像を見て、自分がどのようなしゃべり方をしているのかを観察することもできます。

鏡を見て、口にものがついていることに気づいたら、口を拭うことができますね。また、ビデオの映像を見て、自分が猫背でしゃべっていることに気づいたら、それを直そうとすることができますね。

この鏡やビデオの役割をするのがフィードバックです。

たとえば、

「今回の○○さんの伝達ミスが原因で、お客さんは再度書類を提出しなきゃいけなくなったんだよ」
「進捗状況を報告してくれないと、どこまで進んでいるかわからないので不安なんだ」
「遅刻を繰り返すと、お客さんの信頼を失うよ」

というように、相手について、こちらに見えていることを伝えてあげるのがフィードバックです。

フィードバックのコツは、**できるだけ客観的に、事実ベースで伝えること**。

鏡がゆがんでいたら、現状を正確に表わすことはできません。だとしたら、その鏡に映っている姿は何の参考にもなりませんし、そんな鏡、そもそも信用できないですよね。鏡に映っている姿が太っていたとしても、実際には痩せているのであれば、ダイエットしよう！　とはならないわけです。

でも、鏡が現状を正確に表わしているのだとしたら、その鏡に映っている自分が想像以上に太っていることにショックを受けるし、「ダイエットしなきゃ」と心底思うわけです。「叱る」というのは、相手にとっての鏡になることです。

続いて、「叱る」ハードルを下げるための、もう1つのコツをお伝えしましょう。

それは、**「叱るべきかどうか」で迷ったら、「その『叱る』行為は、相手のためになるか？」という質問を自分自身に問いかける**ことです。

「私だって100％できているか自信がない。私もできていないときがあるかもしれない。そんな私が叱ったら、相手はどう思うだろう」

こんな声がぐるぐると頭の中を駆け巡っているとき、往々にして私たちの関心は自分に向いています。自分がどう見られているか？　自分に対する評価が怖いのですね。

私もしょっちゅうそのマインドに陥ってしまうから、よくわかります。

この「どう思われるだろう」という自分に意識が向いている状態、つまり、「自分視点」に陥ってしまうと、部下を成長させるという本来の役割とはズレていってしまいます。

そもそも、なぜ「叱る」ことが必要なのでしょうか？　それは、管理職の大切な役割の1つに「部下を育てること」があるからです。

部下の成長のため＝相手のため。これは、自分視点ではなく相手視点です。

もし「自分視点」の状態に陥ってしまったら、心を「相手視点」に向けること。「部下のためになるか」という視点になれば、余計なことは考えず、迷いがなくなります。

また、結果として態度にブレがなくなるので、部下との関係にも好影響をもたらします。

「今、ここでこのメッセージを伝えることは、〇〇さんのためになるのか？」

そう自分に聞いてみましょう。もし、その答えが「ＹＥＳ！」だったら、ぜひ勇気をもって部下に伝えてあげてください。

●どう伝えればいいのかわからなかったら

叱るのを躊躇してしまう2つ目の理由。それは、**相手に対してどんなトーンで、どのような表現で伝えればいいか、よくわからない**こと。

叱るというからには、どうしても相手にネガティブなことを伝えなければいけない。でも、お店へのクレームなどとは違うから、伝えて終わり、というわけにはいかない。伝えた結果として、やはり相手に改善してもらいたい。また、相手が過度に落ち込んだり、わだかまりをもったりするのも避けたい。

そのためには、どういう切り出しでどういう表現で伝えればいいのか？　どんな伝え方をすれば、相手にも自分にもわだかまりを残さずにすむのか？

私の場合、いつも伝え方で迷い、まごまごしているうちに、叱るタイミングを逸してしまうことがけっこうありました。

そこで、必要なことが相手に伝わって、かつ、叱った後わだかまりが残らないような伝え方のコツを2つ、お伝えしましょう。

1つ目のコツは、**「人と問題とを切り分ける」**ことです。

どういうことか、私の経験をもとに説明しますね。

ある会議の席で、私が発言した内容に対して、同僚が反論してきたことがありました。完璧に反論され、ぐうの音も出ないとはまさにこのこと。会議が終わったときには、がっくり意気消沈してしまいました。

同僚に対して、「あんなに言わなくったっていいじゃない」と思いながら、席をなかなか立てないでいたところ、当の本人がこちらにやってきました。そして、私に向かってこう言ったのです。

「ねえ、さっきの話だけど、個人的に受け取らないでね」

その後、彼はこのように続けました。

「さっきはあれこれ言ったけど、あれって、小川さんの言った内容について『違う』って思ったから反論したんであって、小川さん自身について批判したわけじゃないからね。そこをわかってもらえるかな」

それを聞いた途端、あれほどモヤモヤしていた気持ちがスーッと引いていき、急にわだかまりが消えて、心が落ち着いてくるのがわかりました。

自分自身を批判された、ダメ出しされたと思うと、ものすごくへこみます。ときには、すぐに立ち直れないくらい傷つきます。まるで、自分の存在を否定されているようなものだから。

でも、自分の意見や自分がやったことを批判された、ダメ出しされたとなれば、それほどへこまずにすみます。**自分の意見や行動というのは、自分で選び取れるものであり、いくらでも修正可能なもの**だからです。

部下が受け取りやすいように叱りたかったら、まずは「部下自身」と「部下の行動や意見」を分けて考えることです。そして、**「部下の行動や意見」にフォーカスして伝えましょう。**

たとえば、

「○○さんって、どうしてそうなのかな」

「だから、○○さんはダメなんだよ」

「その性格はよくないと思うよ」

ではなく、

「遅刻はこれで3回目だね。約束を守れないと、お客さんの信頼を失ってしまうよ」

「ミスが続いているね。何が原因なんだろう」

「『できません』だけだと、なぜできないかよくわからないよ。理由をちゃんと伝えて」

と言うほうが、ずっと相手は受け取りやすくなります。


ある店舗で販売職としてチームリーダーを務めるFさんが、パートさんに対してどのようにミスを注意すればいいか、悩んでいたことがありました。

相手は、年齢からすると自分よりも10年・20年分も人生経験の多い人たち。そんなパートさんのミスを注意することを躊躇してしまうのも、気持ちとしてはよくわかります。

上司に相談してFさんがやったこと、それは、「パートさん自身」と「ミス」とは分けて考えるということでした。

普段のパートさんとのお付き合いでは、「人生経験の多い方」「人生の先輩」として相手を尊重する。ちゃんと敬語で接する。でも、「ミス」自体については、チームのリーダーとして、しっかりと指摘する。なぜなら、それがFさんの役割だからです。

さて、もう1つの伝え方のコツは、**「私」を主語にした伝え方をする**ということです。

次に挙げる2つの伝え方、どっちが部下としては受け取りやすいでしょうか？

A「どうしてそんなにやる気がないの？」

B「やる気がなさそうに感じるよ。どうかしたの？」

多くの人にとって、AよりもBのほうが受け取りやすいのではないでしょうか。

AとBの主な違いは何か？　それは主語が違うことです。Aは相手（部下）が主語であるのに対し、Bは私（上司）が主語になっています。

Aは、「**あなたは**やる気がない」

Bは、「**私は**『あなたがやる気がなさそうだ』と感じた」

ということですね。

「相手は○○だ」というように相手を主語にして伝える伝え方を、「**YOUメッセージ**」

といいます。

YOUメッセージは、通常、客観的な事実を相手に伝えるときに使います。逆に言うと、YOUメッセージで伝えると、あたかもそれが客観的事実のような、誰が見てもそういう事実があるような伝わり方をします。

さっきの例でいうと、「誰が見てもやる気がない。断定！」というような一方的な感じに伝わります。場合によっては、批判や評価というニュアンスにも受け取れます。それって、あまり感じがよくないですよね。


一方、「私には○○と見える」「私は○○だと思う」というように、私を主語にして伝える伝え方を「**Iメッセージ**」といいます。

Iメッセージは、自分が感じたことや思ったこと、自分に見えていることを伝えるときに使います。「あくまで自分にはそう見える／思える」という、一意見であるような伝わり方をするので、伝えられた相手にとっては、一方的に断定されるよりは、ぐっと受け取りやすくなります。

さらに言うと、Iメッセージで伝えることは、自分の気持ちや考えを相手にさらけ出すことでもあります。人は、自分をさらけ出して接してくれる人に対して、親近感や安心感をもつもの。その点でも、相手は受け取りやすくなるのです。

私自身、この「YOUメッセージとIメッセージ」という考え方を知り、意識し始めて以来、相手に受け止めてもらいやすくなったような気がしています。

もちろん、場合によっては、「○○さん、やる気ないでしょ！」とガツンと言ったほうがいいケースもあるかもしれません。

でも、「私の気持ちや考えとともに伝える」ことも、ぜひあなたのレパートリーに入れてくださいね。

\Hint/
05

部下に自信をもたせる

●小さな成功体験が自信を育てる

部下に自信をもたせる一番の方法、それは**部下に成功体験を積ませること**です。どんなに小さな体験でもいいのです。成功体験を手にするごとに、部下の自信が育っていきます。

私が思い出すのは、部下だったGさんのことです。

彼女は、何をやるにも自信がなさそうで、口癖は「私なんてダメ」。すごく自分を過小評価していて引っ込み思案。でも、素直でまじめで、私にはとても「ダメ」には思えませんでした。

そこでまず、彼女にできそうな仕事を選んでお願いすることにしました。やってくれたことに対しては、「よかったこと」「もっとこうしたほうがよくなると思うこと」を彼女に伝えました。

これを繰り返していく中で、少しずつ仕事のハードルを上げていきました。ちょっと背伸びをすれば、彼女ができるくらいに。

すると、彼女がどんどん変わっていったのです。頼まれた仕事を自分がこなせている実感がもてたからなのでしょう。どんどん自信をつけ、それが彼女の表情や態度に反映されて、イキイキしてきたのです。

半年ほど経った頃には、彼女のほうから、仕事上の提案までしてくれるようになっていました。「小川さん、こういうことをやってみるといいんじゃないでしょうか?」と。

あのおどおどしていたGさんがこんなにも変わるものなのかと、びっくりするやら、うれしいやら。

成功体験が人を育てる、印象的な例でした。

●背伸びすれば届くくらいがちょうどいい

それでは、部下に成功体験をもたせようと働きかけるとき、どんなことに留意すればいいでしょう?

それは、「**背伸びすれば届くくらいがちょうどいい**」という方針で、仕事をお願いすることです。つまり、がんばればやり遂げられるくらいの大きさの仕事を任せること。

具体的にどうすればいいか、見てみましょう。

まずは、部下のスキルレベルや習熟度を把握しようとすることです。すでにある程度わかっているならいいですが、もし異動して間もないなどの理由で、スキルレベルや習熟度があまりよくわからないのであれば、「彼・彼女には、ちょっと簡単かな」と思うレベルの仕事からお願いしてみましょう。そして、どのくらいできそうかを見極めていきます。

ある程度、部下のスキルレベルや習熟度がわかったら、「彼・彼女が背伸びをしてがんばればできるくらい」の難易度の仕事をお願いするようにします。

なぜかというと、あまりに簡単すぎると、成長につながらないうえ、それができても「成功体験を得た」という感覚にならないからです。

逆に、あまりに難しすぎると、部下はうまく仕事をこなすことができず、「成功体験」よりはむしろ「失敗体験」を増やしてしまい、逆効果です。

本人が、「私、できるかな」って少し不安に思う。でも、やってみたら「できた！」という具合が、最高ですね。

次に、**できたこと／できていないことを、しっかりと伝えてあげる**こと。つまり、フィードバックすることです。

フィードバックの方法については前項でお伝えしましたが、できていることは、たとえ些細なことでもしっかり伝えましょう。

というのは、**特に自信のない人の場合、自分のできていないことにばかり目がいって、できていることになかなか気づけない**からです。できていることを伝えたうえで、「もっとこうするといいよ」ということをアドバイスして、部下の自信とやる気を育んでいきましょう。

\Hint/
06

部下の目標を引き出す

●組織の目標と個人のやりたいことがつながっていますか？

「会社からやらされている仕事」と「自分がやりたい仕事」、どちらが意欲的に取り組めるでしょうか？

聞くまでもないですね。自分がやりたい仕事のほうが、ずっと意欲的に取り組めますよね。

たとえば、学生の頃を思い出してみてください。親から、「大学受験に備えて、もっと勉強しなさい！」と言われても、なかなか勉強する気にはなれないものです。

でも、「将来、お医者さんになりたい。だから、なんとしてでも医学部に入りたい！」

と思ったとしたら、どうでしょう。おそらく親に言われなくても、「まずは医学部合格！」という目標に向けて、自らがんばるのではないでしょうか。

このように、**「他者からやらされる」ことにやる気は出なくても、「自らやりたいと思う」ことには、やる気が枯れることなく湧いてくる**ものです。

ひるがえって、会社の目標について考えてみましょう。単に、「うちの部門はこれが目標だから」と言われても、「目標を達成したい」という気持ちにはなりにくいものです。

でも、「私はこんな人になりたい」「将来、〇〇を実現したい」という個人的な思いを実現するために、自部門の目標達成が何かしら意味をもつとなったらどうでしょうか。

たとえば、将来、商品企画の仕事をしたいと思っている部下にとって、今の営業の仕事やその目標達成は、将来、商品企画の仕事をするのに役立つというように。

それまで他人事だった「うちの部門の目標」が、一気に自分事となり、その人は目標に向かって大きな力を発揮するのではないでしょうか。

言い換えると、自部門の目標を達成する、**自分なりの「意味づけ」を見出したとき、その人は、その目標へ向けて大きな力を発揮する**のです。

上司として部下にやってあげたいこと。それは、**部下の思いを引き出してあげる**ことです。

部下の「やりたいことは何か」「目指していることは何か」、話を聞いてみましょう。そして、「今の仕事と部下のやりたいことや目指していることが、どうつながるのか?」、部下の目指す方向と今の仕事との接点を、部下と一緒に考えることができるといいですね。

それが、部下のやる気を高めることにつながります。

●みんなが「やりたいこと」を描けているわけではない

「将来どうなりたい?」

「やりたいことは何?」

こう部下に聞いても、「わかりません」「特にありません」という答えが返ってくることがあります。

このような場合、どうすればいいのでしょう?

そもそも人が何によって動機づけられるのか、コーチであり株式会社チームフロー代表の平本あきおさんによると、以下の2つのタイプに分かれるのだそうです。

①ビジョン型……ビジョン（未来の夢やありたい姿）をありありと思い描くことでやる気が高まり、それを目指して行動を起こすことで業績や成果が上がる人。

②価値観型……価値観（自分らしさやこだわり）を満たす行動を日々とっていくことで、やる気が高まり、結果として業績や成果につながる人。

（『コーチング・マジック』平本相武著、ＰＨＰ研究所）

この「ビジョン型 vs 価値観型」という考え方、初めて知ったときは目から鱗であったとともに、とても納得感がありました。というのも、クライアントさん方と接していると、きっと価値観型だろうなと思う方がとても多いのです。

そんな価値観型の人に、「もっとビジョンをもたなきゃ！」「将来やりたいことや目標をしっかりと描かないとだめだよ」と働きかけても、何も出てこないだけでなく、その人自身を苦しめてしまう可能性があります。

特に20～30歳代の女性の場合、これからいろいろとライフイベントに遭遇することから、5年先や10年先というのは、より一層読みにくいはずです。そんな彼女たちに「5年後はどうなっていたい？」と聞いても、出てこないことのほうが多いでしょう。

そう考えると、遠い先がなかなか描けない部下に対しては、今、大事にしている価値観を聞き、担当業務を通じてその価値観をどう満たしていくか、その接点を見つけていくほうが、部下のやる気につながるのではないでしょうか。

●「やりたいこと」がわからない部下の目標設定方法

ちなみに、たとえ「将来、やりたいこと」がわからない、価値観重視の部下であっても、組織として未来へ向けた目標設定をしなければならないことがあります。そんなとき、どうすればいいのでしょうか？

参考として、私がやっていることを紹介しますね。

まず、その人の価値観について、

「仕事をしていて、どういうときが楽しい？」
「どういうときに、やりがいや充実感を感じる？」
「自分にとってのこだわりは何？」

といった質問を投げかけながら聞いていています。

たとえば、以前、営業アシスタントの方向けの研修でこの質問をしてみたところ、「営業の人に喜んでもらえるのがうれしい」という声が多く挙がりました。

そこで、「喜んでくれたら、どういうときでもうれしい？　それとも、『特にこういうとき』というのはある？」と深掘りして聞いてみました。

すると、「相手の想像を超えて役立てたとき」「相手の要望を先読みしてやっておき、それが予想通りにはまったとき」など、具体的な答えがいろいろと出てきました。

これは、その人が**「仕事をするうえで大事にしていること」**であり**「充実感の源」**です。

その後、

「そういうことを日々満たしていけたら、半年後には、どうなっていると思う？」

「○○さんはどんな人になっていると思う？」

「○○さんの職場はどんなことになっていると思う？」


というように、価値観を道しるべに、少し先の未来像を聞いています。価値観に従って行動していった先にたどり着く場所を描いてもらうようなイメージです。

やりたいことや目標にたどり着く方法も人それぞれ。相手に合わせたアプローチができるといいですね。

WORK 3

コミュニケーションの幅を広げよう

Q1 「部下のやる気を引き出すコミュニケーション」の中で、自分でも取り入れてみたいことは何ですか？

Q2 Q1で挙げたことを実践するにあたり、障害があるとしたら、それは何ですか？

Q3 Q2で挙げた障害を乗り越えるために、どんなことができるでしょうか？

POINT

コミュニケーションにおいて、「これをやれば必ずうまくいく！」という“魔法の杖”はありません。だからこそ、自分の中にいろんな引き出しをもって、相手とのコミュニケーションを楽しみましょう！

4章

「ブレないリーダーになる!」部下も自分も成長する思考術

\Hint/
01

最後に伝わるのはあなたの「あり方」

●同じ「叱る」なのに、部下に嫌われる人と好かれる人がいる

部下育成研修に参加したリーダー層の人たちに、「過去、上司に叱られて嫌だった経験のある人？」と聞くと、何人もの人が手を上げます。多くの方に、多かれ少なかれ経験があるようです。

一方、「過去、上司に叱られてうれしかった経験のある人？」と聞くと、これまた、少なくない人が手を上げます。

同じ「叱る」という行為なのに、部下の受け止め方が違う。この違いはどこからくるのだと思いますか？

それは、「自分（上司）のために」叱っているのか、それとも「部下のために」叱っているのかといった、上司のスタンスの違いです。

「自分のために」叱る。それは、メンツや立場を守るためだったり、部下を思い通りにコントロールするためだったり、自分の感情を発散するためだったり……。上司が自分の「何か」を守るために叱ると、それは、部下に伝わります。そして、それが往々にして、嫌だった経験として部下の心に残ります。

「部下のために」叱る。それは、部下の成長のために叱ること。「あのとき、ああ言われたからこそ、今、○○になることができた」。これは、上司に叱られた経験をよかった経験として語ってくれた人が言った言葉です。

部下に対してどんなスタンスをもっているか。これは目に見えないようでいて、実はとても大切なことなのです。なぜなら、そのスタンスの違いは、たとえ隠そうとしても、相手は敏感に感じ取るからです。

言い換えると、極端な話、「部下の成長のため」という軸が通っていれば、どう褒めるのかどう叱るのか、ガツンと言うのか優しく言うのか、そんなことはあまり関係ないのです。

結局、相手に伝わるのはスタンス。相手を動かすのもスタンス。そこを踏まえたうえで、スキルを活用してほしいのです。

小手先のスキルを使って相手を動かそうとしても、相手は動きません。まずは、自分がどんなスタンスをもっているか、確認してみてください。

●ぐらついても、戻ってくれば大丈夫。

もちろん、スタンスがぐらっと揺れるときはあると思います。

部下のミスが原因でお客様がものすごく怒っているときや、自分の上司から無茶ぶりされたとき……。つい、カーッとなって部下を感情的に叱りつけてしまったり、周りの目が気になって、自分を守ろうとする行動に出てしまったりすることもあるでしょう。人間である以上、誰にでも起こりうることです。

でも、たとえ揺れたとしても、「あ、今、ぐらついちゃったな」と、**ぐらついている自分を認識**してほしいのです。

どうしても自分を客観的に見られないときは、

「今、私は、部下のためにやっている？」

「自分のためにやっていない？」

こんなふうに、自分に問いかけてみてください。あなたを本来のスタンスに戻してくれるでしょう。

振り子は、たとえ揺れたとしても、必ず中心に戻ってきますよね。あれと同じです。

そんなあなたの姿を、部下はよく見ています。こうしたことが部下との信頼関係を築いていくのです。

\Hint/
02

部下全員を「クローン化」していませんか？

●自分の期待が外れてイライラしてしまうのは、なぜ？

世の中にいろんな人がいるように、会社にもいろんな人がいます。自分の部下の発言や行動が、あまりに自分の予想や期待と違いすぎて、「あれ？」「なんなの？」と戸惑ったりヤキモキしたりすることもあることでしょう。

ただ、そんなとき、もしかしたらあなたは、**部下に自分のクローンになることを求めているのかもしれません。**

Hさんは、メーカーに勤める課長です。Hさんも、日頃から、部下にイライラしっぱなしでした。

「なんですぐ『わかりません』って言うかな」

「こっちが指示してるんだから、もっと素直に引き受けてよ」

「なんで進捗状況を聞いただけなのに、あんな態度をとるかな」

部下の言動や行動を目のあたりにするたびに、イライラ・モヤモヤ～となるわけです。

そして、その気持ちを抑えきれずに、部下に反応的に答えてしまう。その後も気持ちを引きずってしまう。

「どうしたら、もっとイライラせず冷静にいられるんだろう」

そう思ったHさんは、その原因を突き止めるべく、自分がイライラするとき、どんなことを考えているのか、イライラの根っこに何があるのか、探ってみることにしました。

イライラしたら、そのたびに、「今、自分が何を考えていたか?」「イライラを生み出している根っこに何があるのか?」を意識してみて、それを書き出していくのです。

そんなことを2週間ばかり続けたある日のこと。私と話をしていたHさんが、ぼそりと言いました。

「小川さん、実はね、気づいちゃったんです。私、部下全員を『私』みたいにしようとしていたかもしれないって……」

「部下全員をHさんにしようとしていたってことですか？　それって、部下全員がHさんのクローンになるってことですよね」

私はそう答えながら、「部下が全員Hさんと同じ顔をしている場面」を頭に思い浮かべて、思わず吹き出しそうになってしまいました。

「そうなんです。でも、チーム全員がみんな『私』だったら、チームを組んでいる意味、ないですもんね。私、みんなに自分を押しつけちゃっていたのかも……」

Hさんは、無意識に、部下に自分の価値観を押しつけようとしていたことに気づいたようでした。

自分がやろうとしていたことが、実は「クローンをつくり出すことだった」と気づいてみると、まるでマンガのようで笑えます。

でも、実際、けっこうやってしまいがちなことだと思うのです。つまり、**無意識に自分と同じであることを相手に求めてしまう**ということ。そして、自分の「求め」に対し、相手がはずれた言動や行動をとったとき、イライラ・モヤモヤしたり、相手に要求したりしてしまうのです。

人は、自分と似た価値観や行動傾向をもつ人を好むといわれます。相手の「当たり前」と自分の「当たり前」が似ていれば、相手はおおよそ自分の想定内で動いてくれます。そうなると安心ですし、こちらとしても付き合いやすいですものね。

なので、無意識に「自分と同じような考え方や行動をしてほしい」という願望を自分がもっていたとしても、全然不思議じゃありません。

でも、チームというのは、そもそも、それぞれのメンバーが個性を発揮するからこそ、チームである価値があるというもの。もしも、チームメンバー全員がリーダーの分身でしかなかったら、そのチームはリーダー以上の価値を出すことはできません。であれば、そもそもチームを組んでいる意味がないですよね。

リーダーとしては、チームメンバーの個性を認め、よりよい方向に活かしていく必要があるのです。

●相手の「当たり前」を受け止める「観察日記」

それでは、どうすれば、自分の「当たり前」を超えた部下の言動や行動にいちいちイライラしない自分になれるでしょう?

おすすめのワークを1つ、ご紹介します。それは、先程のHさんの例にも出てきた「**観察日記**」をつけることです。部下にイライラ・モヤモヤするとき、以下の4つのことに目を向けて、ノートや手帳に書き出してみましょう。

①自分は何を考えているか？

(例) なんですぐに「はい、やります」と言わないんだろう。
なぜ口答えをしてくるんだろう。
なぜ自分の意見に固執するんだろう。
私のことが軽んじられているような気がする。もしかして舐められてる？
周りに、私が上司としてふさわしい人間じゃないと思われていないか不安。

②自分が考えたことの根っこに、どんな「当たり前」があるか？

(例) 部下は上司の指示を素直に聞くものである。
チームで仕事をしているのだから、お互い相手の意見を受け入れつつ結論を導くべき。
上司は部下に反論されてはいけない。それは上司として恥ずかしいこと。

③部下は何を考えているか？

(例) クリアでないことは、ちゃんと明らかにしたい。
納得のいくことでないと、やりたくない。
自分が正しいと感じることをしたい。

④部下が考えたことの根っこには、どんな「当たり前」があるのか？

(例) 相手が誰であっても、正しい（と信じる）ことをすべき。

2週間から1カ月間、観察日記をつけてみると、自分の中にどんな「当たり前」があるか、そして、相手の中にどんな「当たり前」がありそうか、わかってきます。

そして、自分と部下との間で、それらの「当たり前」が必ずしも、いや、往々にして違うということも、頭で理解するだけでなく、腹落ちしてくるはずです。

そこまできたらしめたもの。自分と相手とを客観的に見る目が育ってきている証拠です。

相手が自分の想定外の言動や行動をとったとしても、「あれ、今、○○さん、どんなことを考えて、その行動をしたのだろう」と冷静に受け止めやすくなるのです。

\Hint/
03

部下の「当たり前」を理解する

●部下のタイプは4つある

人それぞれ「当たり前」が違うという話をしてきましたが、相手の「当たり前」を見つける手がかりとして有効なツールに、コーチングを事業とする株式会社コーチ・エィが開発した「コミュニケーションスタイルによる4つのタイプ分け」があります。

具体的にいうと、人は他者とのコミュニケーションのとり方によって、大まかに4つのタイプに分かれるというものです。

①コントローラー（支配）型……行動的で、自分が思った通りに物事を進めることを好む。

過程よりも結果や成果を重視。リスクを恐れず、目標達成に邁進。他人から指示されることを嫌う。

②プロモーター（活気）型……自分のオリジナルなアイディアを大切にし、人と活気あることをするのを好む。自発的でエネルギッシュ、好奇心も強く、楽しさこそ人生と思っている。

③アナライザー（分析）型……行動の前に多くの情報を集め、分析、計画を立てる。物事を客観的に捉えるのが得意。完全主義的なところがあり、ミスを嫌う。人との関わりは慎重で、感情をあまり外側に表わさない。

④サポーター（支援）型……人を援助することを好み、協力関係を大事にする。周囲の人の気持ちに敏感で気配りに長けている。一般的に人が好き。人から認めてもらいたいという欲求が強い。

（『コーチングから生まれた　熱いビジネスチームをつくる4つのタイプ』
鈴木義幸著、ディスカヴァー・トゥエンティワン）

私たちは、無意識に「相手の当たり前＝自分の当たり前」と思ってしまうものです。

でも、「○○さんって、このタイプの傾向があるかも」という視点をもつことで、相手の当たり前と自分の当たり前が違うかもしれないことに気づき、相手の考え方や行動に関心をもてるようになります。

●「すごいね！」が響く部下、響かない部下

部下のことをよく見る。ここぞというときに声をかける。褒める。それは、部下のやる気を引き出すために大切なことですし、部下にとってもうれしいものです。

でも、せっかく声をかけたのに、いまいち響いているように見えないこともあります。これも、「当たり前」の違いが根っこにある可能性があります。

以前、私の部下でJさんという男性がいました。Jさんはとっても優秀。資料の作成やデータの分析などを依頼すると、私が期待していた以上のものをつくってきてくれるので、本当に助かります。

「Jさん、ここまでやってくれたの。Jさんって、すごいね！」

そうJさんに声をかけると、Jさんははにかんだような笑みを浮かべてうれしそうにしています。そして、どんどん率先して仕事を引き受けては、いい働きをしてくれました。

その後、チームが変わり、Jさんは異動。代わりにNさんが入ってきました。Jさんとはだいぶ雰囲気の違う彼ですが、Nさんも優秀。特にデータ分析が得意なようで、お客様からいただいたデータをいろんな角度で分析してくれます。

ある日のこと。Nさんがやってくれた分析のおかげでお客様のところで成果が出たので、私はNさんに声をかけました。

「あの分析、よかったよ。Nさんって、すごいね！」

私は、てっきりNさんが喜んでくれると思ったのです。Jさんがそうだったように。

でも、私に返ってきたのは、予想外のNさんの反応でした。

「すごいって、何がですか？」

「はあ？」というような憮然とした表情。「し～ん」と声に出して言いたくなるような静けさ。なぜ、そんなに引いた態度なの？　喜んでくれると思ったのに……。なんとも気まずい雰囲気でいたたまれなくなったのを、今でもよく覚えています。

その後も、Nさんとは、かみ合わない日々が続きました。私が期待したのとは、全然違う反応が返ってくるのです。そのうち、私は彼とコミュニケーションをとるのが怖くなってきてしまいました。彼にどんな反応をされるかが怖くて、出社前の朝、駅中のカフェでコーヒーを飲みながら涙を流していたのは、今では懐かしい思い出です。

そんな私が、Nさんのことを理解できるようになったのは、「タイプ分け」の考え方を知ってからのことです。

Jさんはプロモーター（活気）型だったのだと思います。「すごいね！」「よくできているね！」「上手！」どんな褒め言葉であっても、素直に受け取れるタイプだったのでしょう。

一方、Nさんはアナライザー（分析）型だったのだと思います。「すごいね！」「よくできているね！」「上手！」と言われても、それがなぜなのか理由が明確に示されていないと、納得がいかないのです。だから、「はあ？」となってしまう。

もしあのとき、私が「Nさんの分析のおかげで、お客様の売上減少の原因が判明したよ。『これで対策が打てる！』と、お客さん、すごく喜んでいたよ」と客観的な事実とともに彼のことを褒めていたら、きっと彼の反応も違っていたことでしょう。

●部下の心に響く伝え方とは？

「自分がされてうれしいことを相手にもしてあげなさい」

子供の頃、よく親に言われた言葉です。確かにこれは真実です。

でも、**「自分がされてうれしいことと、相手がされてうれしいことが、同じだとは限らない」**。これもまた真実なのです。

せっかく一緒に働く部下。その部下がされてうれしいことは何なのか、心に響くことは何なのか。それを押さえてコミュニケーションをとりたいものです。きっと、部下のモチベーションも大きく変わってくることでしょう。

それでは、どうすれば部下のうれしいこと、部下の心に響くことがつかめるのでしょうか？　それは、**部下にいろんな「球」を投げてみて、部下にはどんな伝え方が響くのか、その反応を観察する**ことです。

とてもベタな作業ですが、それが大事です。その「ベタな」作業が部下との関係をつくっていきます。ぜひ、「部下の意外な一面発見！」を楽しむつもりで、やってみてください。

\Hint/
04
部下のこと、知らず知らずのうちにあきらめていませんか？

●部下の可能性の芽を、あなたが摘み取っていませんか？

いろいろ仕事をお願いしたり教えたりしているけれど、いっこうにできるようになる気配がない、ミスが多い、いろいろやるように言っても自分から動かない、いつも受け身、口ばかりで行動が伴わない、などなど。

部下にこちらの期待に外れた態度や行動ばかりとられると、めげそうになりますね。そして、「彼・彼女はこういう人だから」「どうせダメだろう」「もう期待しない」と思いたくなります。気づけば、「ダメ」のレッテルを貼って、育てることをあきらめたくなります。

でも、それこそが大きな落とし穴。そして、上司としての試されどきでもあります。

というのも、**部下の「可能性を信じる気持ち」を失ったら最後、その部下が「できるようになる」可能性はぐんと減ってしまう**からです。

人はよくも悪くも、周りが期待するようになっていくものです。

「きっといつか育つだろう」と期待された部下がいつか育つことはあっても、「もうダメだな、こいつは」と〝逆期待〟された部下が育つことは、まずありません。

これを示したものとして、**「ピグマリオン効果」**という言葉があります。

ピグマリオン効果とは、「人間は期待された通りの結果を出す傾向がある」こと。このピグマリオン効果を提唱した、アメリカの心理学者ローゼンタールが行なった実験では、小学校においてランダムに選ばれた子供たちであるにもかかわらず、「成績が伸びることが期待される子供たちだ」と伝えられた担任教師が子供たちに期待した結果、本当にその子供たちの成績が伸びたということです。

ピグマリオン効果についてはいろんな議論があるものの、実感として納得できる部分はかなりあるのではないでしょうか。

私が以前、お世話になった上司Kさんは、「なんでできないの?」「だからダメなんだよ」が口癖でした。私の能力不足が根本的な原因ではありましたが、この言葉、面と向かって言われると自分の存在が否定されているようで、かなりこたえます。そのうち、その上司を前にすると萎縮してしまい、普段できていたことさえもできなくなってしまいました。

一方、別の上司Lさんは、部下を信じて任せる人でした。

あるとき、私が、「○○プロジェクトを担当したい」と手を挙げたとき、経験不足から皆が反対した中で、彼だけが「小川さんが問題を起こしたら、私が責任をとるから」と言ってくれ、それがきっかけで、私はそのプロジェクトを担当することができました。

私がその後、彼の顔に泥を塗らないために、必死にがんばってそのプロジェクトをやり遂げたことは言うまでもありません。

部下の可能性を信じること。そのために、まずは「部下を信じてみよう」を決めること。そして、待つこと。そこがスタートです。

とはいえ、相手が改善しない中で「待つ」って大変ですよね。とても忍耐がいりますし、ともすると「もうダメ」と、めげそうになります。

それでは、どうすれば「待つ」という姿勢をキープし続けられるでしょうか?

おすすめの方法は、次の2つです。

①「まずは1年」というように、自分の中で期限を決める

……人間、「いつまで続くのか」がわからないとへこたれそうになりますが、「いつまで」と期限がはっきりしていると、がんばれるものです。また、自分で意識的に「決める」ことは、とても大事。それがあるかないかで、「やり続けよう」とする意思の強さが変わってきます。何かに書く、誰かに宣言するというのもいいですね。

②目に見えない変化があると信じる

……相手が全く変化していないように見えても、熟成中のワインのように、実は内部で徐々に変化が起こっているものです。それは、次に挙げるMさんの例を見てもよくわかります。

Mさんは、新しく部下になった男性Iさんにとても手を焼いていました。Mさんいわく、「彼はとにかく受け身。自分からは動かず、言われたことをやっているだけ」。

Mさんが、「こちらからお客さんに会いに行ったほうがいい」と言っても、行かない。「やってみたら」とすすめたコミュニケーションの勉強もやらない。お願いしていた文書の作成もちゃんと詰め切れていない。「もう一度チェックしてみて」と確認をお願いしても、「やりましたから」と言うのみ。そもそも、ちゃんとホウレンソウをしてこない……。いろいろ手を尽くしているのに変わらない彼に、Mさんはほとほと困り果てていました。

Mさんの上司からは、「そんなにも変わらないのなら、辞めてもらったほうがいいんじゃない」という声も出るようになりました。それでも、「縁があって私の下に来たんだし、もう少しがんばってみます」と言うMさん。

そうこうしながら1年以上経ったある日のこと。Mさんは私にこんな報告をしてくれたのです。

「小川さん、実はね、Iさんが急に変わってきたんですよ。本当にもう、びっくりするくらい！　フットワークが軽くなって、自分からどんどん行動するようになったんです」

「ええ！　それ、本当ですか？　これまでずっと変わらなかったのに、びっくりですね。でも、どうして急に変わったんでしょう？」

「そう思いますよね。で、私も彼に聞いてみたんですよ。そしたら彼、『だって、Mさんが一生懸命言ってくれるので、Mさんの言う通りにしてみようと思って』ですって」

「そうなんですか、ずっと彼のこと、面倒見続けてきて、ようやく花開いたんですね」

Mさんは、部下であるIさんに対してあきらめずに働きかけました。その期間、1年以上。その間、Mさんの一貫した「あきらめない」態度に、Nさんはずっと心を揺さぶられ続けていたのではないでしょうか。1年以上、表面的には変化は見られませんでしたが、ちょうどワインのように、Iさんの心の中では熟成が進んでいたのだと思います。

樽の中でワインが熟成しているように、部下の中で熟成が進んでいるイメージをもちましょう。

働きかけても全く変化がないと、私たちはあきらめたくなります。ですが、実は変化は見えないところで起こっているのです。そう信じることが部下の可能性を育てます。

●誰にでも、こちらに見えない背景がある

私たちは、部下の言動や行動に「あれ?」と思ったとき、すぐにダメ出ししたくなります。でも、ちょっと待ってください。その前に、その部下の言動や行動の背景をわかろうとしてほしいのです。

なぜなら、**「真実は、その人にしかわからない」**ものだからです。

私がそのことを実感したのは、ある地方都市のプロジェクトにマネージャーとして関わっていたときのことでした。

ある日、4名いる部下のうちの、1人の女性が「お話があります」というのです。「なんだろう?」と思いながら話を聞いてみると、「妊娠しました」とのこと。そのとき、口では「おめでとう!」と言いながら、素直に喜べていない自分がいたことを、今でもよく覚えています。

その地方都市へ行くには、列車に揺られること、2時間半。横に揺れることで有名な列車で、普通の人でも酔いそうになる。とても妊婦さんが毎週通える場所ではありませんでした。

「彼女が抜けたらどうしよう」。そんな思いがよぎりました。

彼女とは、それまでの2年間、ずっと一緒に組んで仕事をしていました。私にとってかわいい後輩のような存在。彼女の報告は、自分の期待が裏切られたような、そんな寂しさがありました。

それから6年後。今度は私が妊娠しました。

妊娠がわかってからも、私は仕事に突っ走ったのかというと、そうではありませんでした。1つには、つわりがひどくて、普通に仕事をするどころではなかったからです。加えて、仕事に突っ走ることで、流産などの事態を過剰に心配する自分がいました。

当時、私は40歳。これが最後のチャンスだと思っていました。だから、自分の過失で流産などを引き起こすことは絶対に避けたかったのです。

このとき、ふと、6年前の彼女のことを思い出しました。そして初めて、6年前の彼女の立場や気持ちを理解して、当時、素直に喜べなかったことを、本当に申し訳なく思いました。


私たちは、相手をいろんな角度から眺めることができます。そして、その相手に対して、自分の立場からいろんなことを思います。ですが、着ぐるみを着るかのように、その相手の中に入って、相手の目線とばっちり同じ目線でものを見ることはできません。

真実というものは、その人にしかわかりません。だからこそ、「真実はわからない」という前提に立つことが大事なのです。そのうえで、「相手からどんな風に見えているんだろう」「相手は何を思っているんだろう、感じているんだろう」と想像力を働かせましょう。

そして、たとえ同意はできなくても、「相手はそう思っているんだな」「相手はそう感じているんだな」と、相手の考えや感じ方、行動を受け止めましょう。それが、相手との関係をつくります。

\Hint/
05

相手を変えようとすると失敗する

●気になる相手の態度。その原因は自分にあった！

なかなか思い通りに動いてくれない部下。それに対して上司は、あれこれ言ったり、働きかけたりして、部下に変化を促そうとします。

でも、極端なことを言ってしまうと、他人を変えることはできません。「○○さんを変えようとして、うまく変えられた！」ということはまずないものです。

なぜなら人間は、自分自身が「変わろう」と思わない限り変わらないものだからです。

でも、あることをしていくと、結果として相手が変わることはあります。

それは、**上司である自分が変わる**ことです。言い換えると、上司が自分自身の状態を整えていくことです。

自分のあり方が変わる、考え方が変わる、使う言葉が変わる、行動が変わる……。上司自身の様子を、部下はよく見ていますし、感じてもいます。そして、その上司の様子から、「私もこうなりたい」「こうしたい」と部下が思ったとき、部下は初めて自分から変わろうとするのです。


そのことを私が身をもって感じたのは、ある企業で管理職研修を担当したときでした。

その事前打ち合わせで、研修の主催者から言われたのは、

「うちの課長たちは、部下育成の意識やスキルが低いと思います。だから、ガツンと言ってやってください」

ということでした。私はその主催者の言葉を素直に受け取り、実行しようとしました。

つまり、「皆さんは変わらないといけない」というメッセージをガンガン伝えたのです。

「なんか空気が変」「受講者との間に壁があるような気がする」。そう感じたのは、研修が始まって少し時間が経った頃。

受講者は皆さん真面目です。こちらの指示に合わせて動いてくれます。質問すると答えてくれます。

でも、何かが足りない。そう、言われたことをやっているだけで、心から受け取ってくれたわけではなかったのです。

実は、その研修は、前・後編に分かれた2日間の連続講座になっていました。後編までこんな感じになるのは、絶対に避けたい。どうしたら、もっと受講者の心に響くんだろう？　困った私は、前編の研修で起こったことを逐一振り返り、何が問題だったのかを考え続けました。

そうこうしているうちに、「あ！」と、気づいたことがありました。

私は、「皆さんは部下育成者として、できていない」というトーンで受講者の方々と接していました。それが主催者のリクエストだと思っていたし、そうすることが自分の役目だと思っていたからです。

でも、そもそもこの研修で伝えようとしていたことは？　それは、「部下を信じること」でした。「まずは部下を信じてみよう」と言っていた私自身が、最初から受講者のことを信じていなかったのです。

「なんてことをしてしまったんだろう。受講者の気持ちを受け取っていなかったのは私だ。なのに、受講者に対して『なんで受け取ってくれないんだろう』だなんて……」

私は、自分がやってしまったことをすごく後悔しました。後編では同じ過ちをしたくない。研修の主催者の言ったことはいったん脇に置いて、改めて、受講者が悩みを解決して、より成長するための手助けをしよう、絶対に受講者を信じることをあきらめない、と決めました。

そして、迎えた研修後編当日。

前編とは空気が一変したのです。まさに激変と言っても大げさではないくらい。受講者の能動的な態度。活気ある雰囲気。そして、アンケートでの受講者の満足度も極めて高いものでした。

自分のあり方や行動が、こんなにも相手を変化させるものなのだ。身をもって知った出来事でした。

もし、部下が「わかってくれない」「言うことを聞いてくれない」と感じるのなら、ちょっと自分に問いかけてみてもいいかもしれません。「私、今、どんなあり方で部下と接してる?」「部下のこと、ちゃんと認めてる?」と。

自らのあり方が、鏡のように相手の態度に映っているものだということを、忘れないでください。

\Hint/
06

あなたの「これだけは譲れない」は何ですか？

●ブレブレになっているとき、起こっていること

チームを運営していくとき、あなたの「これだけは譲れないもの」って、何でしょうか？

もし、自分の中ではっきりしていないのであれば、これを機に、しっかり考えて明確にしてみてもいいかもしれません。

というのも、**「これだけは譲れないもの＝軸」**があるかないかで、自分がブレないか否かが変わってくるからです。


医療機関で管理職になったばかりのOさんの悩み、それは、業務経験の少なさや人を巻

き込む経験の少なさから自分に自信がなく、部下の反応に対していちいち動揺してしまい、冷静に対処できないというものでした。

そんなOさんとコーチングセッションで取り組んだことは、チームとして何があっても守りたいことを明らかにしていくことでした。

チームのミッションは、「入院中の患者さんがよりよく過ごせるようにする」こと。そのミッションのために、何があっても守りたいのは「患者主体」であることでした。Oさんは、「患者の家族がどうしたいか」とか「医療従事者である自分たちがどう思うか」ではなく、患者さん自身がどうしたいかが大事だと思っていました。

「患者さんが働きたいのだとしたら、まずはその目標を共有したうえで、どう進めていくのがいいか、患者さんとともに考えていくことが大事なんです」

そう語っているOさんは、悩みを語っているときの弱気なOさんとは打って変わって、終始、力強く、熱い態度で、聴いている私も感動してしまうほどでした。

これは、Oさんがすでに軸をもっているということです。でも、部下とやりとりしているときは、管理職としての自信のなさから、その軸が埋もれてしまうのです。そして、そのときどきで部下の態度を気にして、右往左往してしまう。

そこで今後は、その軸をよりどころとして、部下とやりとりしていこうということになりました。

「私は、そのときどきで、小枝を軸に行動をしていたな、と思いました。大枝に根ざして行動するというのは、目から鱗でした。ブレブレだった自分の態勢を立て直せそうな気がします」

というOさんの言葉が印象的でした。

●反応しすぎると自分を見失う

管理職になると、上司、部下、他部署、お客様、取引先……さまざまな関係者と調整をとりながら仕事を進めていくことが求められます。関係者それぞれの意向を把握し、それに応えていくのは大切なことです。

ただ、彼らに言われたことや周りで起こっていることに気をとられすぎて、エネルギーを使いすぎ、疲弊してしまって、本当に大事なことがおろそかになってしまうのは、問題です。

私自身、軸を見失い、ドツボにはまったことがありました。

お客様から「あれどうなっているの?」「これじゃちょっと」と突っ込まれる。それに対して、「なんとかしなきゃ」とあれやこれや必死に方策を考え、部下に指示を出す。でも、部下は思った通りに動いてくれない。「なぜそれをしなきゃいけないんですか?」と反対意見を言ってくる部下までいる。そんな部下の態度に自信を失いそうになりながらも、がんばって方策を実行する。にもかかわらず、いまいち反応のよくないお客様の態度に、めげそうになりながらも走り続ける。

そのうち、だんだん混乱してきてしまい、何が一番求められているのか、それに対して何をどうしていいのか、わからなくなってくる……。

ドツボにはまったときの私の状態は、こんな感じでした。

周りの状況や相手の出方に過度に反応してしまうと、自分のペースは大きく崩れ、空回りしてしまいます。自分を見失い、コントロールできなくなってしまいます。

●ドツボにはまったら、自分に問いかけよう

そんなとき、自分を立て直すには、自分の軸に立ち返ることです。

「あなたのミッションは何ですか？」（目的）

「あなたの役割は何ですか？」（役割）

「ミッションや役割に立ち返ったとき、今のあなたにとって、一番大事なことは何ですか？」（優先順位）

と自分に問いかけてあげることです。そうやって自分の軸を思い出すのです。

そうすることで、今まで目の前のことしか見えていなかったのが、まるで望遠鏡の視野が広がるように、起こっていることを一歩引いた目で客観的に見られるようになります。

すると、心持ちも、まさに我に返ったように、落ち着かせることができます。

実際、私も、先程挙げたようなドツボにはまったとき、そのようにして自分を立て直すことができました。

実は、つい先日も自分を見失いそうになることがあったのですが、そのとき私は、自分のコーチから、

「そこはもうプロとして責任を果たすのみでしょう。小川さんの場合、プロとして責任を果たす、というのは、何をすることなのでしょうか？」

と問いかけられたことで、自分を取り戻すことができました。

今、「自分がぐらつきまくっている」と感じる人へ。

あなたのミッションは何でしょうか？　あなたの役割は何でしょうか？　あなたにとって、大事なことは何ですか？

ぜひ、あなたの答えを聞かせてください。それが、あなたが自分を立て直すきっかけになると思います。そして、その軸こそが、チームリーダーとしてブレない態度をつくっていくのです。

WORK 4

自分と相手の“当たり前”を見つけよう

Q1 部下を１人選んで、４章２項でご紹介した「観察日記」を２週間ほどつけてみましょう。

部下にイライラ・モヤモヤしたとき、
①自分は何を考えているか？

②自分が考えたことの根っこに、どんな「当たり前」があるか？

③部下は何を考えているのか？

④部下が考えたことの根っこに、どんな「当たり前」があるか？

Q2 「観察日記」をつけてみて、気づいたことは何でしょうか？

Q3 部下とよりよい関係を築くためには、どうすればいいでしょうか？　Q.1や Q2で挙げたことを踏まえたうえで、考えてみましょう。

POINT

人それぞれ、もっている「当たり前」が違います。自分や相手の「当たり前」を踏まえてコミュニケーションをとることで、相手とよりよい関係を築くことができます。

5
章

「どうしたらバラバラチームがまとまる？」
1＋1＝3になる強いチームのつくり方

\Hint/
01

チームで同じ方向を目指そう

●チームがバラバラなのは、行き先がわからないから

あなたのチームはどこを目指していますか？　チームの行き先は、チームの中で共有されていますか？

行き先というのは、チームの目的や目標のことです。たとえば、「そもそもチームのミッションは何なのか？」とか、「○年後、どういう状態を目指したいのか？」などといったこと。そのような目的や目標がそもそも明示されていなかったり、あるいは、明示されていてもメンバーにちゃんと伝わっていなければ、チームとして空中分解してしまいます。

それはちょうど、扇のかなめのようなもの。かなめがないと、扇の部品はバラバラにな

ってしまいますね。つまり、みんながせっかくがんばっても、どこに向かえばいいかがわからなければ、チームの成果は上がらないのです。

管理職のあなたにとって必要なのは、**チームの行き先を明確にする**ことです。その場合、どんな観点を考慮すればいいでしょう？

大きく言って、次の3つがあります。

①お客様の観点

チームのお客様は誰なのか、そして、そのお客様から何を求められているか？　を知ることは、チームの目的や目標を明確にするうえで大事なことです。

まずは、自分たちのお客様が誰なのか、誰のために仕事をするのか、考えてみましょう。

ちなみに、お客様といっても、社外の人がお客様である場合と、社内の人がお客様である場合があります。たとえば営業であれば、お客様は「○○業界の企業」という社外の人、総務であれば、お客様は「自社の社員全員」という社内の人かもしれません。

自分たちのお客様を明確にできたら、次に、そのお客様に対して何を提供することが、自分たちの目的なのかを考えます。それが明確になって初めて、自分たちの役割がはっきりし、目標を立てることができます。

先日、あるクライアントさんが「チームで共通の目標をはっきりさせたい」ということでコーチングを受けに来られました。

なぜ共通の目標をはっきりさせたいのか聞いてみると、

「メンバーそれぞれのやっていることがバラバラで……。メンバーの目標もあるような、ないような感じです。チームとしてうまく動けていないと感じているので、まずはチームで共通の目標をはっきりさせて、それに対して、メンバー個人の目標をうまくつなげられたらと思うんです」

とのことでした。

その後、どんな観点でチームの共通目標をつくりたいか、クライアントさんと話し合っていきましたが、どうにもアイデアが出てこない様子。そこで、

「そもそも、○○さんのチームのお客さんは誰なんですか?」

と聞いてみました。すると、

「うちは、開発のサポート部隊なので、お客さんは開発部門です。もっというと、社内の各事業部の開発部門です」

とのこと。

「じゃあ、そのお客さんに対するチームのミッションは何ですか？」

と聞いてみると、

「チームのミッションは、『○○技術の点で開発リードタイムを短縮すること』ですね。そうか！　だとしたら、開発部門に対してどのくらいリードタイムを短縮するか、その観点が目標に必要ですね」

と納得し、チームの共通目標を設定することができました。

まずはチームのお客様を明らかにしてみましょう。それがチームの目的や目標につながっていきます。

②組織の観点

チームの行き先を明らかにするために、もう1つ必要な観点は、組織の観点です。

企業には、まず企業全体としての目的や目標があります。そして、それらがブレイクダウンされて、部門の目的や目標に落ちてきているはずです。

管理職は、それを踏まえたうえで、自分のチームの目的や目標を明確にする必要があります。

まずは、会社や部門の目的・目標を確認しましょう。もっと言うと、単に確認するだけではなく、部下に自分の言葉で説明できるくらいに、会社や部門の目的・目標を咀嚼して理解しておきましょう。

どうしてもわからない点、腑に落ちない点があるようなら、自分の上司に確認しておくことも必要ですね。

というのも、会社や部門がどういう方向に向かおうとしているのか、なぜそれが必要なのか、翻訳して伝えるのも、管理職の役割だからです。それができないと、部下になぜその方向なのかうまく伝えられず、部下の納得感を得ることができません。そうなると、会社の方向とつながった目的・目標設定もしづらくなってしまいます。

以前、コンサルタントとして仕事をさせていただいた企業の部長が、

「管理職として大事なのは、会社の向かう先をうまく翻訳して部下に伝えることです。でも、それができず、上から『火の用心』と言われたら、そのまま部下にも『火の用心』と言ってしまう人が多いんです。それだと部下は理解できないし、社内の方向性も揃わないんですよねえ」

と言っていたのを思い出します。

まずは会社や部門の目的・目標を自分の言葉で翻訳できるくらいに理解しましょう。そ

のうえで、部下に説明をして、チームの目的や目標につなげていけるといいですね。

③メンバーの観点

いくらお客様の観点でOK、組織の観点でOKであっても、メンバーがそれをやりたいと思えなければ、チームの目的や目標は絵に描いた餅で終わってしまいます。そのため、目的・目標設定までのプロセスに部下を巻き込んでおきたいところです。

具体的に言うと、お客様は誰か、目的は何か、目標はどうかを明確にする際には、チームで議論しながら確認するといいでしょう。人は、自分が議論や決定に参加したものほど、当事者意識をもって自ら動きやすいものだからです。

また、会社や部門の目的・目標は、前述のように、まずはチームが納得できるよう、自分の言葉でしっかりと説明することが大切です。

①～③の観点を踏まえ、チーム全体として納得感をもったうえで目的・目標設定できると、その後の実行がスムーズになります。

\Hint/
02

強いチームをつくる基本

●強いチームづくりは、適材適所探しから

チームにおいて役割分担を決め、仕事を割り振るのは、管理職の大事な仕事です。そして、そのときに大切なのは、**適材適所を考える**こと。言い換えると、それぞれが得意なことや強みを発揮できるような分担を考えることです。

私たちはついつい、苦手なことも努力によって克服できるものと考えがちです。皆さんは、子供の頃、両親や先生から、苦手な科目をがんばって克服するよう言われませんでしたか？

でも実際には、苦手なことが、努力によって素晴らしいパフォーマンスを発揮できるま

でになるということは、まずありません。恐ろしく時間をかけた割に、あまり進歩がない……ということがほとんどなのではないでしょうか。

一方、得意なことはどんどん取り組み、力を伸ばすことができます。やる気にもなりますし、成功もしやすいです。そして、それが自分の自信にもつながります。

人の才能について長年研究してきた、ギャラップ社の元会長であり、心理学者でもあるドナルド・O・クリフトンは、その著書『強みを活かせ!』(日本経済新聞社)の中で、「弱点を押さえ込みながら、強みに集中すべき」と伝えています。

先日お会いした、ある広報の分野で管理職を務める方はこうおっしゃっていました。

「私はシステム会社にいたので、一時期、システムのプログラミングをやっていたこともあるのですが、これがとにかく苦手でした。いろんな人に聞いて教えてもらったし、自分でもがんばったのですが、どうにもダメでしたね。肌に合わないというか、全然できるようにならなかった……。

誰でも、そういう分野ってあるんですよね。だから、自分が管理職になってからは、いかにその部下の得意なことを見つけるか、そして、それを発揮できそうな仕事を見つけて割り当てるかに腐心しています」

いくら努力しても、なかなか成果につながらない。これは、本人にとっても苦痛ですし、チームとしてもマイナスです。であれば、そんな苦手なことをやってもらうよりも、もっとその人が得意なことをやってもらったほうが、その部下にとってもチームにとってもいいですよね。

●適材適所の見つけ方

「でも、そんなこと言ったって、必ずしも部下が得意な仕事ばかりじゃないよね？」

「どうやってそんな仕事を見つけて割り振ればいいの？」

こんな声が聞こえてきそうですね。

適材適所の見つけ方は、2つあります。

まず1つ目は、文字通り、**その部下が得意なことや強みを活かせる仕事を見つける**こと。

この段階で、各部下の役割分担がうまくいけば、万々歳ですね（部下の強みを見つける方法は、次項を参照してください）。

でも、現実はそうはいかないことが多々あります。人手や人事の関係で、その人が得意ではなさそうな仕事を任せなければならないことだってあります。

そうした場合は、**できるだけその部下の強みや持ち味を活かせる仕事のやり方を考えること**です。

たとえば、営業という仕事。Pさんは口下手で、お客様に対して言葉巧みに説明したり、気のきいたことを言ったりすることはできません。でも、話を聴くことには長けています。この聴き上手を活かした営業の仕方を考えるのです。

一見、Pさんには向いていないような仕事でも、Pさんに合ったアプローチを見つけることで、Pさんに活躍してもらうことは可能です。

上司であるあなたに求められるのは、どうすればPさんが自分の強みを活かしてその仕事に取り組むことができるか、Pさんと一緒に考えること。

ここでPさんの苦手とするアプローチを無理やり求めてしまうと、Pさんをつぶしてしまう可能性があります。また、チームとしての成果にもつながりません。

部下の強みを見つけて活かすこと。そのための役割やアプローチを見つけること。管理職として心がけたいことです。

\Hint/
03

部下の強みを見つける方法

●弱みを強みに変えてしまおう

クライアントさんでQさんという方がいました。SE（システムエンジニア）をされているのですが、とにかく自信のなさが半端ないのです。

彼女いわく、

「何をやっても失敗ばかりなんです」

「私って、本当にとりえがないんです」

とにかく「強みなんてない」「何をやってもダメだ」と言うのです。

また、彼女はとても心配性でした。

「こういうことが起こったらどうしよう」

「こういうときはどうしたらいいんだろう」

何か行動するにつけて、いろんなことを想像して心配します。結果として、なかなか動けない。

でも、私は思ったのです。これって、彼女の強みになりえるんじゃないかと。

心配性で慎重ってことは、いろんなリスクを思いつくということ。そのリスクを最小限にするために、予防策や対応策を考えつくということ。

「Qさんはすごく心配性だし、慎重ですよね。でも、それってリスクマネジメントが得意ということじゃないですか」

彼女にそう言ったのですが、

「え、そうでしょうか……」

と言ってなかなか信じません。

でも、私は、「リスクマネジメント、きっとQさんの強みですよ。だから、リスクを回避しなきゃいけないような場面で、きっと力を発揮できますよ。それって、どういう場面でしょうね」と言い続けました。

そんな「きっと強みですよ」「そうでしょうか……」という問答を繰り返したある日の

こと。これまで半信半疑だったQさんが、うれしそうに報告してくれました。

「実は、あるお客さんのシステムテストのテストケースを考えていたんですが、そのとき私が『こういうケースとこういうケースもテストしておいたほうがいいんじゃないでしょうか』と言ったことが、まさに大当たりだったんです。

それらのケースでテストしてみたらエラーが出てきて……。システムのバグ（不具合）をつぶすことができました。そこから、私がシステムテストのテストケースづくりを任されることになったんです！」

まさに、Qさんの慎重さ、心配性が、「リスクマネジメント」という強みとして花開いた瞬間でした。

そのときの経験を経て、彼女は「自分だからこそできること」を自覚するようになりました。そこから、さらに自分の強みを意識して仕事をするようになり、数カ月後には、これまでのオドオドしたQさんとは思えないほど、自信に満ちてイキイキと仕事をするようになりました。

このQさんのように**誰にでも強みはあります**。一見、とりえがないように見える部下でも、強みがあることをまずは信じましょう。

そして、根気よく部下を観察し、部下の「強み」を見つけることが大事です。

●弱みをポジティブな言葉に言い換えてみる

部下の強みを見つける手がかりの1つは、その人の特徴や個性、**特に「弱み」と思えるようなことに着目すること**。強みが見つからないという部下の場合、逆に言うと、弱みが目立つということでもあります。その弱みに目をつけるのです。

というのも、強みというのは弱みと表裏一体。その人の個性がうまく使われていれば「強み」、うまく使われていなければ「弱み」として出るものだからです。

たとえば、こんな感じ。

●仕事が丁寧 ↕ 細かい、仕事が遅い
●人の気持ちを察することができる ↕ 他人の目を気にする
●大胆に行動できる ↕ おおざっぱ

普段から目についてしまうような、その人の「弱み」を、強みに言い換えてみましょう。それが、その人の「強み」である可能性はかなり高いといえるでしょう。

そして、その強みをどう活かすか、先程お伝えした2つの方向で考えてみるのです。

●今の仕事で、その強みを活かしたやり方はできないか？

●その強みを活かせる、他の仕事はないか？

自分の強みを仕事で活かせられることほど、その人をやる気にさせるものはありません。また、強みを見つけようとしてくれるあなたの姿勢自体に、部下は信頼を寄せることでしょう。

●資質にいいも悪いもない

「資質にはいいも悪いもない。それをうまく使えれば強み、うまく使えなければ弱みになる」

ギャラップ社が開発したツール「ストレングスファインダー」を通じて学んだ、この考え方が私は好きです。

ここでいう資質とは、繰り返し現われる思考、感情および行動パターンのこと（『さあ、才能に目覚めよう』マーカス・バッキンガム、ドナルド・O・クリフトン著、日本経済新聞社)。自分にとって大事な個性であり、これをうまく活かしていく、ということです。

自分の欠点や短所について悩んでいる方、気にされている方は多いです。

「よりよい自分になるために、欠点や短所は取り除かなければいけない」

と思っていらっしゃるのですね。

でも、それってしんどくはないでしょうか。なぜって、自分の一部を否定することになるからです。

私自身、若い頃、「人の気持ちや空気を読もうとしてしまう」自分が嫌で嫌でたまりませんでした。自分が、人の顔色をうかがおうとしているような気がして、悩んだこともあります。でも、「資質にはいいも悪いもない。それをうまく使えれば強み、うまく使えなければ弱みになる」ということを学び、気がラクになりました。

また、今、自分が講師やコーチという仕事をするうえで、「人の気持ちや空気を読もうとしてしまう」資質が、逆に武器として活きています。

欠点や短所と思うことは、実は宝の原石。そう思って、うまく活かす方法を考えてみてはいかがでしょうか。

\Hint/
04

男女の違いを理解する

●違いを押さえておけば余計なイライラがなくなる

男性の部下や上司について「なぜそういう反応をするのかわからない」「こちらの期待とは異なる行動をとられてしまう」ということはありませんか？

男性と女性。なんだかんだ言って、思考や行動の傾向には違いがあるように感じます。

もしそうだとしたら、その違いをあらかじめ押さえておくことは、相手の言動や行動にイライラせず、相手といい関係を築くために、おおいに有効です。

では、どんな傾向の違いがあるのか、いくつか見てみましょう。

その前に、1つ注意点。違いという観点で言えば、男女差以上に、個人差のほうが大きいと、私は思っています。これから男女の傾向の違いについて話していきますが、これは、「男とはこういうもの」「女とはこういうもの」と決めつけるためのものではありません。

あくまで相手を理解するための1つの手がかりとして参考にしていただき、基本的には相手を一人ひとり見るという姿勢を失わないでくださいね。

●「成果」が気になる男性、「調和」が気になる女性

管理職の方に対してコーチングをしていると、部下との関係を慮るあまり、厳しい態度に出ることを躊躇してしまう、という話をときどきお聞きすることがあります。

これまでの私の経験からすると、この悩みは女性に多いように感じます。

女性は、子供を産み育てるための「母性」が与えられた性。そして、太古の昔、周りの女性たちと協働して木の実を採ったり、子供を育てる役割を担ってきた性。そういった成り立ちから、「相手を慮る」「調和をとる」ということが、自然動作として、当たり前のようにできる性といえるのかもしれません。

一方で、部下との関係を大事にするのは、それ自体はとても大切なことですが、リーダ

ーとしてミッションである「成果を出す」ことをおろそかにするわけにはいきません。
そもそも、なぜリーダーが存在するのかといえば、チームとして成し遂げるべきことがあるからです。

にもかかわらず、チームとして調和がとれていること、チームとしてうまくやっていくことのみに注力しても主客転倒で、結局、一番大事なミッションが達成されないという事態に陥ってしまいます。

では、どうしたら、「人間関係」のほうに偏らずに、リーダーとして、そのときどきで必要な態度をとることができるでしょうか。

私は、シンプルですが、**自分に「リーダーである」ということをリマインドし続けること**だと思っています。もっと言うと、自分に問いかけ続けることです。

先日、あるクライアントさんが、「部下によっていろんな言い分がある中で、どのような決断を下すか」で悩んでいました。

そこで私は、

「今の〇〇さんの立場（リーダーの立場）で、一番優先すべきことは何でしょうか？　そもそも、○○さんは、リーダーの立場を優先したいですか？　それとも、友人としての立場やいい人間関係を優先したいですか？」

と聞いてみました。

その質問でハッとするところがあったようです。その後、そのクライアントさんから、こんなメールをいただきました。

「小川さんからの問いかけで、優先すべきは、お客様のためになる成果を出すことだと、改めて気づきました。ひとまず一件落着です。

部下の気持ちに寄り添うことは得意で、今後も大事にしていきたいですが、それだけではダメで、うまくミックスさせなきゃいけないし、現場のリーダーとしての判断の基準が明確に理解できた一件でした。当たり前といえば当たり前で、お恥ずかしい限りですが、自分の中でストンときました」

コーチングでは、コーチがこの例のように問いかけますが、コーチングを受けていなくても、自分の中に「問い」をもつといいのです。

「今、リーダーとして、どういう行動をとるべきなのか？」

「私はリーダーとしての自分を優先したいのか？　それとも、友人としての自分を優先したいのか？」

きっと、あなたの中にある答えが見つかると思いますよ。

●タテの関係を大切にする男性、ヨコの関係を大切にする女性

男性と女性とで違うなと感じるもう1つのこと。それは、男性はタテの関係を大切にする。一方、女性はヨコの関係を大切にする、ということです。

ここで言うタテの関係とは上下関係のこと、ヨコの関係とは仲間関係のこと。

男性は上下関係を重んじ、上の人に服従したり下の人を使ったりすることに抵抗感がない人が多い。一方、女性は、立場上は上下関係であったとしても、実際の関係は仲間として接しようとする傾向があるように感じます。

あるクライアントさんからこんな話を聞いたことがあります。

ご自身が勤める会社の法人向け営業部門は男性ばかり。その部門では、上司が部下を怒鳴る、叱責することが日常茶飯事。そして、上司からの命令を部下がかしこまって聞くような、上意下達の雰囲気なのだそう。

一方、個人向け営業部門はほぼ全員が女性。その部門では、相手が部長であったとしても、「部長〜♪」と遠くから声をかけたり、ちょっとした冗談を言ってみたりと、仕事以外の部分では、上下関係なく和気あいあいとした雰囲気なのだそうです。

「女性社員から、いきなり後ろから『おはようございます！』と声をかけられたり、『部長、ランチは何だったんですか？』と肩を叩かれたり。法人営業部門から個人営業部門に異動になった男性部長が、あまりの〝文化〟の違いに、びっくりしていましたよ」

と、そのクライアントさんはおっしゃっていました。

実際、「男性と女性では人との関わり方に差がある」ということは、調査結果からも見てとることができます。

9〜10歳の子供を対象にしたイスラエルの徒競走実験では、男の子は1人で走るよりも、2人で競走させたほうが早くなる一方、女の子の場合は、2人で競走させるとスピードが遅くなったのだそう。それればかりではなく、男の子とではなく女の子同士で競走させると、大きくスピードダウンしたということです（『やさしい経済学』日本経済新聞社編、日本経済新聞社）。おもしろいですね。

もう1つ例を挙げると、知り合いの女性経営者もこんなことをおっしゃっていました。

「男性は、上下関係で動くことに抵抗がないように感じる。だから、男性の部下には、責任の所在や任せる仕事の範囲を明確にしたうえで、仕事を指示するようにしている。

女性の部下に対しては、一方的に指示するだけではうまくいかない。相手の意見を聴く、引き出す、受け止めるなど、相手に共感しながら、仲間として一緒に解決していく姿勢をことさら意識しながら進める」


もちろん、「男性相手だからこうすべき」「女性相手だからこうすべき」ということではありません。ですが、男女で行動傾向の違いがあるという視点を備えておくだけでも、対応の選択肢が増えるとともに、心にも余裕が生まれるのではないかと思います。

●「できない」と言えない男性、「できない」と言ってしまう女性

先日、大学時代の友人と久しぶりにランチをしながら仕事の話をしていたとき、男性と女性の違いに話が及びました。

その友人は、語学学校で講師を束ねるマネージャーをしています。彼女いわく、

「『この仕事、できますか？』とお願いしたとき、男性は、たとえ自分がやったことがないこと、できるかどうかわからないことでも、『できない』って言わない人が多い気がする。『大丈夫です』『できます』と言う人がほとんど。でも、実際に任せてみると、『できてない……』ということもけっこうあるなあ。

一方、女性の場合は、正反対。きっとできるであろうことでも、『私にはムリです』『できません』って言ってしまう傾向がある気がする」

データで確認したわけではないのですが、肌感覚では、私もこうした傾向があるように感じています。

管理職になったばかりの女性をコーチングでサポートしていると、まさに「私にはムリです」「自信がないんです」というセリフをよく耳にします。

でも、彼女たちの話を聞いていると、どうにも「ムリ」には思えない。逆に、会社や上司が彼女たちを管理職に任命したことがよくわかるのです。つまり、考え方だったり仕事の仕方だったり、「この人、優秀だな」と感じることがほとんどです。

でも、ご本人の感覚では、「ムリ」なのです。

ここで言いたいのは、男性、女性のどちらがいい悪いということではありません。もし、女性に「できない」と考えてしまう傾向があるのだとしたら、そのことを踏まえたうえで、女性自身は、自分がどうするかを考えたほうがいいですし、上司の立場であれば、そのことを踏まえたうえで、女性部下に接したほうがいいということです。

自分自身の「できないかも」という恐れや不安、あるいは、女性部下の「自信がない」「ムリだと思う」という言葉をそのままうのみにしてしまうと、状況を読み間違え、お互いに、せっかくの機会をふいにしてしまう可能性があるからです。

ちなみに、私が思うのは、ちょっとくらい「自信がない」「できないかも」と思っても、怖れや不安を感じても、チャレンジしてしまっていいんじゃないかな、ということ。「自信がない」「できないかも」と本人が思うほど、実際には「できない」ということは、ほとんどないと思うからです。

それに、その仕事を打診された時点で、少なくとも声をかけた人は、「あなたならできる」「できる素養がある」とみなしているということ。だとしたら、その人の「見立て」を信じてみてもいいんじゃないかな、と思うのです。

私自身、「え、私にできるかな」と思うことでも、「えい、や!」でやってみるということを、心がけてきました。

そのときは、とにかく、今の自分にできる限りのことをやる。「人事を尽くして天命を待つ」と思える状態になるまで、とにかくがんばってみる。そうすると、少なくとも、自分の中に納得感が生まれます。たとえうまくいかなかったとしても、これだけやったんだからと、あきらめもつきやすいのです。

おもしろいもので、自分にとって未知の世界(仕事)で、あれだけ怖がっていたことでも、一度経験すれば、「実績」ということになります。

そうなると、次からは急にハードルが下がるのです。1回経験して、なんとなく勝手がわかるので、次にやるのは心理的抵抗が少ないのです。**その経験を繰り返すことで、自分の世界が広がっていきます。**

\Hint/
05

カンカンガクガク、でも、わだかまりゼロなチームをつくる

●あくまで仕事上の役割と心得る

チームは1+1を3にも4にもしたいもの。そのためには、チームの中で忌憚なく議論をしたいものです。また、部下との間でも率直にやりとりしたいものですね。

ただ、ここで1つ気になるのが、感情的なわだかまり。

私が思い出すのは、大学3年生のときの女声合唱サークルでの経験です。

当時、そのサークルでは3年生が幹部としてそれぞれ役職を担当して、サークルを運営していくことになっていました。

私が3年生のとき、幹部として一緒に活動したのは、私を入れて11名。今度の公演の演目は何にするか？　練習スケジュールはどうするか？　公演の会場はどこにするか？　その費用は？　等々、11名で話し合って決めていくのですが、当時は若いこともあって、それぞれの立場でカンカンガクガクの議論。お互い譲らずにやり合うなんてこともありました。

特に、指揮者、パートリーダーなど、企業でいうところのいわゆる「ライン」の担当と、渉外、会計など、いわゆる「スタッフ」の担当との間でやり合うことが多々ありました。11名、もともと仲のいい間柄であったにもかかわらず、幹部としての1年間が終わるころには、関係が少しぎくしゃくしてしまい、結局、もとの気兼ねない関係に戻るのに、半年ほどの時間を要しました。

今から思えば、その原因となったのは、それぞれの立場でのふるまいや発言に対する感情と、その人自身に対する感情とをいっしょくたにしていたこと。これだと、どうしてもわだかまりに発展してしまいますね。

実際のところ、相手が仕事で見せるふるまいや発言は、あくまで仕事の役割上でのものでしかありません。

その役割を降りたところには、もっと違った、その人本来の面がたくさんあるはずです。それらを見ずに、その人に対してわだかまりをもってしまうのは、もったいないことだし、余計なストレスになってしまいます。

●ルールを決めて交通整理する

それでは、どうすれば、前向きなカンカンガクガクの議論ができて、かつ、わだかまりがゼロでいられるでしょうか？

それは、**チームにおける議論のルールをあらかじめ決めてしまう**ことです。

皆がルールを意識し、それに沿って議論をすることで、感情的なやりとりやわだかまりを避けることができます。

また、万一、問題のある発言や議論が持ち上がったとしても、ルールに基づいて指摘することで、それを修正しやすくなります。

では、どんなルールを掲げるといいでしょうか？　例を挙げてみましょう。

●議題から外れない
●人の発言を遮らない
●発言は○分以内
●「お客様にとってどうか」という視点で意見を言う
●反論するときは、相手自身についてではなく、相手の意見にフォーカスして反論する

など、会議（議論）の目的に沿ったルールを設定できるといいですね。

ルールをうまく活用することで、カンカンガクガク、でもわだかまりゼロを目指したいものです。

\Hint/

06

何でも言いやすい雰囲気をつくる

●部下のすべてを把握するのは難しい

皆さんは、現在、何人の部下がいますか？　1～2人ですか？　あるいは、4～5人、それとも10人以上？

4～5人くらいまでであれば、日頃のコミュニケーションを通じて、相手の状態をかなり把握することができるでしょう。ですが、人数が増えれば増えるほど、それは難しくなります。**管理職が部下全員の状態を把握するのには限界があるのです。**

そのため、彼や彼女に何かあったとき、たとえば、問題が起こった、悩みごとがあるなどというときには、部下本人が上司である自分に相談に来やすい環境や雰囲気を、日頃からつくっていくことが大切です。

以前、管理職研修で講師を務めたとき、参加者の1人であるR課長が次のようなことを漏らしていました。

「ずっと目をかけている部下がいた。彼女が『もっとがんばりたい』『こういうことができるようになりたい』と言っていたからこそ、〇〇という仕事も彼女に担当させた。なのに、ある日、突然、『結婚する相手が九州に転勤になるので、私も辞めて九州についていきます』と言ってきた。

人それぞれプライベートな事情もあるし、その人自身の意思もあるから、それが悪いことだとは言わない。彼女が選択したことなら、それはそれでいいと思う。でも、私が悲しかったのは、彼女が「辞める」と言い出すまで、何も気づけなかったこと。そして、彼女からも一言の相談もなかったこと。気にかけていただけに、ショックだった」

これに対して、ある別の参加者がおっしゃったことが、とても印象的でした。

「いくら、こちらが気をつけていたとしても、まめにコミュニケーションをとろうと思っても、やはりできることには限界があるし、部下の問題や変化に気づけないことだってある。

だから、私が気をつけているのは、何かあったときに向こうから言い出しやすい環境や関係を、日頃からつくっておくこと。特に、部下が『無理だ』と感じたとき、それを上司に伝えるのは、部下にとっては勇気がいると思う。だからこそ、ネガティブなことでも言えるような環境や関係をつくっておくことは、とても大切だと思う」

これをおっしゃったのは、部下ともいい関係を築きながら成果を上げていらっしゃるS課長。そんな人が言うことだけに、とても説得力をもって響きました。

●まずは自分の手の内を明かす

「部下が言い出しやすい」関係をつくるために、できることの1つは、「**自己開示**」です。つまり、日頃から、自分自身をさらけ出してオープンに伝えていくことです。自分が何を思っているか、どんなことを考えているか。

上司が何を考えているか、どんなことを思っているのかがわからないと、部下も話をしに行きにくいものです。相談しに行ったはいいけど、バッサリ切られたり、よけい状況が悪くなったりしたら、イヤですものね。

それに、そもそも、こちらが手の内を見せていないのに、相手に手の内を見せてほしいというのは、矛盾しています。上司に自分をさらけ出す姿勢があればこそ、部下も「自分をさらけ出してもいいんだ」という気持ちになるものです。

管理職を務めるTさんは、自分の感情を部下と共有するということを大切にしているとのこと。

彼女のチームのミッションの1つに「会員を増やす」ことがありますが、たとえば、会員が1人増えたとき、それがどれだけうれしいかを共有する。逆に、プロジェクトがうまくいかず頓挫してしまったとき、自分がどれだけ悔しいと思っているかを共有する。そのように心がけているそうです。

「起こった出来事に対して、上司である自分がどう感じているかを伝えることで、部下が反応してくれたり発言してくれたりする。それらを通じて、部下が考えていることもわかってくるし、部下との一体感につながっている」とおっしゃっていました。

また、自己開示としては、自分の過去の経験を話すこともありでしょう。それが自分の失敗など、一見みっともないと思うようなことであっても。いいえ、逆にみっともないことだからこそ。

この話をすると、ときどき「上司が失敗ばかりしていると思われると、舐められてしまうのではないでしょうか？」という質問を受けることがあります。

でも、この質問に対する答えは「ＮＯ」です。上司が舐められるかどうかは、その上司のあり方の問題であり、失敗経験の多さとは関係がありません。

むしろ、失敗談を共有することで、「こんな話もしてくれるんだな」という思いが部下と上司との距離を縮めます。また、失敗談そのものが、部下にとっての指針や励ましにもなりえます。

●部下の話を受け止める

「相談しやすい人」になるために、もう1つ大事なこと。それは、**日頃から部下の話に耳を傾ける**ことです。

まずは先入観を脇に置いて、相手はどんなことを思い、考えているのか、その背景には何があるのか、思い巡らしながら、相手に集中して聴くこと。そして、その話を「あなたは、そう思っているのね」と受け止めること。

相手の話を聴いて、自分にとっては納得のいかないことだってあると思います。「それ、間違ってるな」と思うこともあるかもしれません。そこを同意しなければならないと言っているのではありません。だって、「同意」と「受け止める」ことは違うのだから。

相手の言っていることに同意できなくても、それと切り離して、その相手自体を認め続けることはできます。つまり、いいも悪いも、ジャッジはせず、ただ「部下はそう思っている」ということを、そして、そう思っている部下を、まずは受け止めることです。

それが、安心感につながります。

人は、安心感のないところで、自分の話、特に本音を話そうなんて思いません。だって、話したら最後、どんなことになるかわかりませんからね。

まずは、3分でも5分でもいい。「**この時間は、相手の話を聴く**」と決めましょう。そして、相手の話を受け止めてあげてください。

WORK 5

あなたの「こうなりたい！」は何ですか？

Q1 あなたは、どんなチームをつくりたいですか？　理想のチーム像について、どんな観点でもかまいません。思いつくことを挙げてください。

Q2 あなたは、チームに対してどんな存在でありたいですか？

Q3 リーダーとして、あなたの「これだけは譲れない」ことは何ですか？

POINT

最終的にあなたのよりどころとなるのは、「自分がどうありたいか」。「ありたい姿」が明確だからからこそ、ブレずにいられるし、ブレても戻ってくることができます。

6章

「〝ついイライラして自己嫌悪〟から抜け出す！」うまくいかないときの処方箋

\Hint/
01
失敗のすすめ

●失敗を受け止める勇気をもとう

今まで一担当者としてはうまくいっていたのに、管理職になったとたん、うまくいかなくなることって、あると思います。

でも、まず、**失敗しないでおこうとは思わないこと**です。

仮に自分が十分に気をつけていたとしても、部下が間違ってしまうことだってありえます。「失敗をしない」ことではなく、「失敗の後、いかに素早くリカバリーできるか」「失敗を、いかに次の学びにつなげるか」を目指しましょう。

そのために必要なのは、

①失敗を自分事として受け止める勇気

②失敗に迅速丁寧に対処する冷静さ

③失敗を振り返って次につなげる問題解決力

この3つだと思っています。

まず、ここでは①の「受け止める勇気」の話をしましょう。

チャレンジしたけど、うまくいかず、失敗続きだったとき、私のコーチがくれた言葉がとても心に残っています。

「1つ経験するたび、手に入るのは、失敗でも成功でもなく、たとえるならば、ジグソーパズルの1枚のピース。それは、あなたの未来のビジョンにつながる1枚のピースです。今日1日を味わい、そして十分楽しんできてください」

たとえ、思い出したくないようなことであっても、自分を責めたくなるようなことであっても、落ち込むようなことであっても、それら自体は、成功も失敗もない。すべて、よりよい未来につながる1ピース。

そう思えたら、起こったことを1つの糧として、また前進していけそうな気がしませんか？　それに実際のところ、その一見「失敗」のような経験が、実は次につながる架け橋のような役目を担ってくれることも、けっこうあるものです。

●それって本当に「失敗」ですか？

もう1つ、「受け止める勇気」に関する話をしましょう。

「失敗だった」「うまくいかなかった」と感じるとき、何とも言えない気持ちになります。ときには落ち込んで、その気持ちを引きずってしまうこともあります。「なんで、ああなっちゃったんだろう」って。

でも、実際のところ、**起こった出来事が本当に「失敗」なのかどうか、その出来事が起こった先の、さらに先になるまで、わからないことがほとんど**です。

たとえば、遡ること20年以上前。私は第1志望だった大学の受験に「失敗」しました。関西にすごく入りたい大学があり猛烈に勉強したものの、共通一次試験（今でいうセンター試験）の出来が悪く、その大学に必要とされる点数をとれなかったのです。試験が終わった日、夜通し泣き続けたのを、今でも鮮明に覚えています。

結局、東京の別の大学に進学したのですが、今、振り返ると、あのとき共通一次試験に「失敗」したことを心から感謝しています。

あれがなかったら、関西在住の私が東京に行くことはなかった、今の親友に出会うことも、私がしたかった仕事に出会うことも、また、夫に出会うこともなかった。

当時あれほど抵抗感のあった東京も（私は当時、根っからの関西人だったので）、実際は住みやすくて気に入ってしまい、その後23年も住むことになりました。

それらはすべて、試験に「失敗」した当時の私には想像できなかったことです。


こうして考えると、自分にとって「失敗」だと考える出来事が、本当に失敗なのかどうかは、もっと先の先まで、極端に言うと、人生の最後になるまで、誰にもわかりません。

「失敗は成功のもと」とよく言われるように、失敗と思っていたことが大きな成功のきっかけとなる、ということはよくあることです。

失敗の定義はさまざまです。少なくとも、失敗が人生において次のステップにつながることは間違いないのだから、失敗したと思っても、いいほうに解釈して、早々に次のステップに目を向けたほうがいいですよね。

●失敗は放置しないこと！

次に、②失敗に迅速丁寧に対処する冷静さと、③失敗を振り返って次につなげる問題解決力に関する話をしましょう。

購入した商品やサービスに問題があってクレームをつけたら、その対応があまりに素晴らしく、逆にそのお店のファンになってしまった。こんな経験はありませんか？

これを「**サービスリカバリーパラドックス**」というそうです。

以前、子供用に買ったおもちゃがちゃんと動かず、新品と交換してもらったことがあります。交換の手間がかかった（宅急便の規定サイズ外だったので自宅のある京都から東京に送り返すのが一苦労だった）のにもかかわらず、カスタマーサポートの人の対応が素晴らしく、「またその会社の商品を買いたいな」と思ってしまいました。

このサービスリカバリーパラドックスの話は、「失敗」というのは、必ずしも失敗じゃないということを、改めて認識させてくれます。

何か「失敗」してしまうと、「ああ〜、やってしまった」と落ち込みますが、「失敗」は、失敗した後、落ち込んだまま何もしないから、本当の失敗になってしまうのですね。「失敗」への対応を迅速丁寧に行なう、「失敗」から学んでやり方を変えるなど、**後の処理をどうするかで、それが「本当の失敗」になるかどうかが決まってきます。**

まずは「失敗」について、迅速丁寧に対応しましょう。ここでは、「今、一番求められていることは何か」を考え、優先順位をつけて行動することです。

そして、対応が無事完了したら、「失敗」について、なぜその失敗に至ったかという原因や、今後同じような失敗をしないための対策を考えましょう。部下の担当業務であれば、部下と一緒に考えるといいですね。

さらに、その内容をチームで共有することができれば、チームの知見にもなります。

失敗は、チームやあなたが成長するチャンスともいえます。「失敗」を「失敗」のままにせず、＋αになるような体験に変えましょう。

Hint
02

「考える」と「悩む」は違う

●考えているつもりで自分を不安にさせていませんか？

管理職をやっていると、次から次へと頭を悩ませる場面が出てきます。

お客様と交渉しなければいけない。上司が無理難題を言ってくる。部下が思った通りに動いてくれない。予定通りにモノ（商品）が入ってこない……。

そんなとき、うまくいかないからといって、悩みにはまったりしていませんか？　その点でいうと、以前の私は悩み多き人でした。

「Aさんにこれをやってもらうには、どうしたらいいんだろう」
「どうしたら上司をうまく説得できるかなあ」

「どうして〇〇をうまくできないんだろう」

一見、解決策を考えているようですが、実際のところは、

「Aさんがやってくれなかったらどうしよう。そしたら、Bさんに頼むしかないかな。でも、Bさんは忙しいし……。あ〜、プロジェクト遅れちゃうよ〜」

そう、気になることをうだうだ考え続けているだけ。自ら不安をあおっているだけで、そこから少しも前進していないんですね。


あるとき、夫に「由佳って全然考えてないよね」と言われて、驚きました。

「ん、考えてない？？？」

私はずっと考えているつもりでした。なので、「考えてない」と言われて、言われている意味がわからないし、とても心外だったのです。

でも、確かに自分のやっていることを振り返ってみると、堂々巡りで同じことを延々〝考えて〟、さらに不安に陥っているだけで、〝考えた〟結果、何か新しい行動や前向きな気持ちにつながっていませんでした。

そう、私は〝悩んでいる〟だけだったのです。つまり、自分を不安に陥れ続けているだけだったのです。

ちなみに、「**人はネガティブな感情をもつと、わざわざ選んでネガティブ思考を呼び寄せる**」ということが、研究の結果、明らかになっています。脳はそうやって働くようにできているのです（『ポジティブな人だけがうまくいく　3：1の法則』バーバラ・フレドリクソン著、日本実業出版社）。

つまり、ネガティブな気持ちは、ネガティブな考え方を引き寄せやすくなり、さらにネガティブな気持ちに陥る……という悪循環にどんどんはまっていくということ。

そう考えると、〝悩む〟ことは、全然いいことなし！　なのです。それに気づいて以来、私は、自分が〝悩んで〟いないかどうか、時折意識を向けるようになりました。

思考が堂々巡りしてるなと感じるとき、「**私は考えているのかな？　それとも、悩んでいるのかな？**」とチェックを入れてみることをおすすめします。

「あ〜、私、悩んでる」と気づいたら、「考える」ことに切り替えるか、それとも、もう少し「悩む」ことを続けるのか、決めましょう。もちろん、「考える」のも「悩む」のもやめる、という選択肢もありです。

もし、「悩む」ことを選択するのだったら、期限を決めて悩みましょう。そうすることで、不必要に自分を不安に陥れることが減ります。

●とにかく体を動かしてみよう

〝悩む〟ことをやめたいけど、難しい。もしかしたらそんな声があるかもしれません。うまく〝悩む〟ことをやめる方法、それは、**「行動する」**ことです。たとえば、運動をする、本を読む、友達とおしゃべりする、掃除をする……何でもかまいません。自分自身が没頭できそうなことを選んで行動してみましょう。

行動しているうちに、〝悩み〟の底から気持ちが抜け出せたらこっちのものです。

もう1つ、私がよくやるのは、**「悩みを書き出す」**ということです。すべてを紙の上に書き出して整理する。そうすることで、悩みのタネを全部自分の外に取り出すことができます。それによって、悩みに対して、それまでどっぷりはまっていたのが、悩みと距離をとることができるようになるのです。加えて、悩みの全体像が紙の上にあることで、冷静に、客観的に悩みを眺めることができます。

〝悩み〟との上手なお付き合い、身につけておくといいですよ。

\Hint/
03
自分ではどうにもできない問題を解決するヒント

●小分けにすると答えが見つかる

管理職をしていると、どうにもこうにも解決策が見つからず、「一体、どうしたらいいの⁉」と叫びたくなるような問題にぶち当たることだってあるでしょう。

そんなときの対処法として、1つ知っておくといい方法は「**問題を小分けにする**」ということです。

これを教えてくれたのは、以前勤めていたコンサルティング会社での上司でした。

私が、どうにもうまく仕事を進められなくて、上司に相談したときのことです。

私「〇〇がうまくいかなくて、どうしたらいいか、わからないのです」

上司「小川さんがうまくいかないのって、①お客さんの課題をうまくヒアリングできていないからなのか、②課題はつかめたけど、それに合ったソリューションが考えつかないからなのか、③ソリューションは考えついたけど、お客さんに響くような提案ができないってことなのか、どれ？　どこでつまずいているの？」

私「あ、そうですね。課題はつかめたけど、ソリューションが思いつかないってことだと思います」

上司「あ、そう。じゃあ、こうしてみれば？……」

彼は、私が持ち込んだ「〇〇がうまくできない」という問題を、プロセスの観点で小分けにしたのです。そして、私がどこでつまずいているか確認し、よりピンポイントにアドバイスしてくれたのですね。

このとき彼が、「小川さん、これが問題をプロセスに分解するってことなんだよ」と言ったのを、今でも鮮明に覚えています。

問題にぶち当たったとき、**それをそのまま眺めていても、解決の糸口や術は見えてきません。**

でも、プロセスであったり、影響度や重要度であったり、何らかの切り口で小分けにしてみることで、どこかに自分が対処できるような突破口が見つかるものです。

●自分で「なんとかできること」と「どうにもできないこと」を切り分ける

職場でぶち当たる問題には、そもそも**「自分でなんとかできること」**と**「自分ではどうにもできないこと」**の2つがあります。前者は自分の努力や、やりようの問題（コントロール可能）、後者は、会社や組織構造等の問題（コントロール不可能、あるいは間接的にコントロール可能）です。

この2つをいっしょくたに考えてしまうと、いらぬところに余計なエネルギーを使ってしまって、消耗する割には、解決につながらない……ということになりかねません。

管理職であるUさんは、仕事上うまくいかないことがあり、そうとう煮詰まっていました。あるとき、上司に相談したところ、「それは、組織構造上の問題だよ。Uさんがどうにかしようとしても、すぐには難しいと思う。だから、Uさんはとりあえず○○をやっておくといい」とアドバイスをもらったとのこと。

自分が取り組んでいる問題を、自分にできることとそうでないことに切り分けてもらうことで、気持ちがラクになるとともに、対処しやすくなったと話してくれました。

問題がうまく解決できない場合、まずは自分の抱えている問題が、そもそも自分のやりようや努力で何とかなることなのか、あるいは、そうでないのかを切り分けましょう。

自分で切り分けるのが難しければ、上司などに相談してみてもいいかもしれません。そして、そのうえで、「自分にできることは何か」を考えていきましょう。

そうすることによって、一見袋小路にあるような問題についても、自分が進むべき道筋が見えてくることでしょう。

\Hint/
04

孤独に負けそうになったら

●「孤独」は新しい世界への入り口

管理職をやっていると、孤軍奮闘しているような気持ちになって、「孤独だなあ」と思うこともあるかもしれません。基本的に接しているのは部下、ときどき上司。自分と同じような立場の人がおらず、うっかり愚痴をこぼすこともできません。

私はメーカーで管理職をやっているとき、孤独に負けてしまったことがありました。転職して数カ月、成果はなかなか出ない、部下も全然ついてきてくれない。そんな気持ちで焦っていた頃、ものすごい孤独感を感じるようになったのです。

上司に相談しても、上司は他のことで手一杯。意識がそちらに向いていたようで、面談の時間をとってもらったものの、実際のところは、あまりこちらのことを聞いてもらえている感じがしませんでした。

「自分のことを聞いてほしい」「わかってほしい」「味方がほしい」……そんな思いがどんどん膨らんできてしまい、当時の私は、無意識に、自分を受け入れてくれそうな人を社内に求めました。話を聞いてくれそうな他部署の人を見つけては、その人を頼ろうとしたのです。

今、当時を振り返って思うのは、そうした**「共感を求める」気持ちに溺れてしまっては、冷静な判断や行動がとれなくなる**、ということです。特に社内の人間関係の面では、「仕事」という観点よりは、「共感」という観点に偏って関係を築こうとしてしまいます。

孤独な気持ちを社内で処理しようとすると、うまくいくときはいいですが、そうではないときには、仕事上の関係がややこしくなる可能性もあります。

いろんな過程を経て今、私がおすすめしているのは、**孤独は社外で処理する**ということです。以下、ご紹介していきますね。

①自分と同じような立場の人と交流できる機会をもつ

自分と同じような立場の人と交流できる機会をもつのは、孤独を解消するのにいい方法です。たとえば、中間管理職や若手リーダーが集まる講座やセミナー、勉強会などに参加してみてはいかがでしょうか。誰しも何かしら悩みや課題を抱えています。また、想いや情熱も。私自身、参加した講座で、彼らと交流することを通じて、「自分だけじゃないんだな」「私もがんばろう」という気持ちになることができました。

②社外にメンターをもつ

孤独を感じるときというのは、往々にして仕事がうまくいっていないとき。そんなときに、本音で相談できる人を見つけておくといいですね。

私の場合、煮詰まったときは、かつてお世話になった上司や先輩に、「相談にのっていただけませんか?」とお声掛けして飲みに付き合ってもらい、話を聞いてもらっていました。私の何歩も先を行く方々に話を聞いてもらい、アドバイスをもらうと、袋小路に迷い込んだ自分の思考が広がるとともに、いろいろなヒントや勇気をもらったことを覚えています。

社外にそんな先輩や上司がいない場合は、自分がコーチだからいうわけではありませんが、コーチを雇うというのも1つの選択肢としてあります。実際、私も自分が窮地のとき、マイコーチに励ましてもらったり背中を押してもらったり、かと思えば、言いにくいことをあえて言ってもらったりしました。私にとって、今もとても心強い存在です。

③1人を楽しめる自分になる

皆さんは、ランチを1人でとったり、1人で飲食店に入ったり、「おひとりさま」を楽しめますか？「1人でいるのを見られるのは、なんだか寂しい人みたいでイヤ」という方もいますが、人って他人のことなどほとんど気にしていないものです。少なくとも私は、女性が1人で食事をしていたり、バーでお酒を飲んでいたりするのは、「かっこいいなあ」と思います。

孤独とうまく付き合えるようになることは、リーダーをしていくうえで、欠かせないことです。リーダーの仕事の1つと言ってもいいかもしれません。だとしたら、自分なりに孤独と付き合う方法を見つけられるといいですね。

\Hint/
05

自分とうまく付き合える人ほど、成果も人間関係もうまくいく

●心にはクセがある

私が強く思うことの1つに、**自分との付き合いがうまくできる人ほど、チームメンバーとの付き合いがうまくいき、ひいては、成果につながる**ということがあります。

ここで言う「自分との付き合いがうまくできる人」とは、自分を受け入れられている人（自分を好きでいる人、自分を信じている人）のこと。逆に、「自分との付き合いがうまくできていない人」とは、自分を受け入れられていない人（自分を嫌いな人、自分を信じていない人）を指します。

結局のところ、人が相手や周りの状況に対して何を言うか、何をするかというのは、す

べて、そもそもその人が何を感じるか、何を思うかしだいです。

そして、その人が何を感じるか、何を思うかというのは、その人の世の中の見方、さらに突き詰めると、その人の根本にある「**自分をどのように見ているか**」というところに帰結します。

1つ例を挙げますね。

たとえば、道を歩いていたら、向こうから部下が歩いてきたとします。「あ！　○○さんだ」と思ったあなたは、「おはよう！」と声をかけました。

ところが、○○さんはそのまま返事をすることなく、スーッと行ってしまいました。このとき、あなたはどんな気持ちになるでしょうか。

素通りした○○さんに腹を立てるでしょうか？

それとも、悲しい気持ちになるでしょうか？

それとも、特に何とも思わないでしょうか？

人によって、いろんな反応があることでしょう。

ちなみに、以前の私は、「あれ？　もしかして無視されちゃったのかな？　なんでだろう……」と悲しくなるタイプでした。一方、「なんだ、あいつは！　上司に挨拶もしないなんて！」と怒るタイプの人もいます。

おもしろいもので、起こった出来事は1つ。「こちらは挨拶したけど、部下は素通りした」というだけです。

にもかかわらず、人によっていろんな反応がある。**出来事に対する受け止め方、解釈の仕方は、人によって違う**のです。

悲しくなってしまう人は、心の中に、「あれ、気づかないふりをされちゃった？」「もしかして、避けられてる？」「嫌われているのかも……」というセリフが浮かんでいるのではないでしょうか。

そして、そのセリフの根っこには、「私って上司としてダメ」という自分へのダメ出しや、自己卑下の気持ちがあることが多いです。

怒ってしまう人は、心の中に、「挨拶しないなんて、失礼じゃない！」「なんで上司である私から挨拶してるのに、挨拶しないの？」「礼儀がなってない」なんていうセリフがよぎっていませんか。

そして、そのセリフの根っこには、「(他人も自分も）礼儀正しくあるべき」「人に気遣いができなければならない」という「掟」のようなものが、自分の中にあることが想像できます。

一方、部下が素通りしたからといって、特に感情が揺れない人は、心の中のセリフも、「あれ、気づかなかったのかな」「考え事をしていたのかな」というニュートラルな感じ。特に「掟」や「自分へのダメ出し」もないのではないかと思います。

要は、**自分の心のクセ**なんですね。

自分の心の中に「掟」があって、他人に対して過度な期待をしたり、自分を不必要にダメ出ししてたりすると、それが色眼鏡となって、一つひとつの出来事に色をつけて解釈してしまいます。事実だけをそのまま受け取るということが難しくなってしまうのです。

その結果、怒ったり、悲しんだり、感情が必要以上にアップダウンしてしまいます。

●心のクセは無意識のうちに出ている

怖いのは、心のクセによって、単に感情のアップダウンがあるというだけでなく、それに伴って、相手との関係や成果にも影響が出てしまうこと。

先程の「部下が素通りした」例を考えてみましょう。

部下の態度に対して落ち込んだり悶々としてしまったあなたは、次回その部下に会ったとき、オドオドしたり、わだかまりを感じたり、変に気を使ったりしてしまうかもしれません。

怒りや腹立ちを感じたあなたは、その部下に対して「失礼なやつ」とネガティブな印象をもったり、次回その部下に会ったとき、とげとげしい態度をとったりしてしまうかもしれません。

そのような態度は、部下との関係に悪影響を及ぼしてしまう可能性大です。一方、感情が揺れなかった場合は、部下との関係に特に影響は及ぼさないといえます。

事実は1つ。であるにもかかわらず、いろいろな捉え方があって、捉え方しだいでは相手に対する出方が変わり、結果として、相手との関係に大きな影響を与えてしまう、ということです。

私たちはついつい、これを無意識にやってしまいます。

以前、管理職に向けて、コーチングやフィードバックなどを学ぶコミュニケーション研

修を実施したとき、受講者の1人がアンケートに、

「コーチングやフィードバックは相手との関わり、相手の成長や可能性を信じるチカラが重要だと認識していますが、その根幹には自分との関わり、自分の成長や可能性を信じられるかどうかというところが、カギになるのではないかと考えます」

と書いてくださいましたが、本当にその通りだなあと思いました。

皆さんは、自分とうまくお付き合いできていますか？

どうやって自分との付き合い方をよくしていくか、次から見ていくことにしましょう。

\Hint/
06
自分の感情とうまく付き合う

●自分の感情をマネジメントする

管理職になると、一担当者のとき以上にいろいろな問題に直面することが多くなることでしょう。それに伴い、自分自身もいろんな感情をもつことになります。自分の感情とどう付き合うか、ということが切っても切り離せなくなりますね。

自分や他者の「感情とうまく付き合う力」のことを、EQ（emotional intelligence quotient）といいます。

EQとリーダーシップの関係については、こんなおもしろい調査結果があります。

心理学者D・ゴールマンが、リーダーとしての能力を3種類に分けて調査しました。

①経営計画策定や会計などのビジネススキル

②分析して推論するなどの知的能力

③EQ

その結果、優れた幹部と平均的な幹部との間で、リーダーとしての能力の差の90％近くは、EQによるものだったそうです（『What Makes a Leader?』、D. Goleman)。

その差のほとんどが感情との付き合い方だなんて、驚きでした。

でも、その一方で、どこか納得する部分もありました。リーダーであるからには、やはりビジネススキルや知的能力は必要です。でも、それらをうまく発揮するために、そして、自分だけじゃなく他者に発揮させるためには、EQに負う部分が多いんじゃないかと思ったからです。

たとえば、部下がしてしまった失敗について。

その失敗について自分が感じているネガティブな感情（たとえば、不安）に気づいて、うまく付き合うことができないと、感情的になって部下を攻撃してしまったりしかねません。また、失敗に冷静に対処できなくなる可能性もあります。

一方、自分の感情に気づき、それらを客観視して、うまく付き合うことができたら、部下との関わりや今後に大きなダメージを与えるような行動は避けられるでしょう。

リーダーシップを発揮するうえで、感情をマネジメントする力の影響は思った以上に大きいのです。

●自分の心のクセに気づく

4章2項で「観察日記」についてお伝えしましたが、ここでは、自分のネガティブな感情について観察するワークをやってみましょう。

【質問1】

過去1カ月を振り返って、ネガティブな感情（怒り、不安、焦り、悲しみ、情けなさ、悔しさ、など）が沸き上がった出来事を書き出してみましょう。

（例）出来事：仕事の進捗について、システム部門に口頭で確認しようとしたら、「メールで報告したはずですけど！」と不機嫌な調子でいきなり言い返された。

感　情：イライラした。不愉快。

【質問2】

質問1で挙げた出来事について、心の中でどんなセリフがよぎったか、考えてみましょう。また、そのセリフの根っこにどんな考え方があるか、考えてみましょう。

（例）セリフ：「なんなんだよ」「そんなケンカ腰にならなくても」「相手が誰であっても、仕事でコミュニケーションをとるときに、不機嫌な態度で応対するのはどうか」「最低限の礼儀があるだろう」「こっちがお客なのに」

根っこ：礼儀を守るべき。仕事においては感情的になるべきではない。

【質問3】

質問1・2で挙げた回答を眺めてみましょう。何か特徴や傾向はあるでしょうか。

ここでは、ネガティブな感情について取り上げましたが、ポジティブな感情（喜び、楽しさ、うれしさ、など）についてもやってみるといいですね。

自分を客観的に捉えてみること、自分自身への理解を深めること。これが、感情をマネジメントするための第一歩です。

\Hint/
07

怒りとうまく付き合う

●怒りには2段階ある

この項では、いろいろな感情の中でも、部下との関係でありがちな「怒り」を取り上げます。

心理学で、怒りは「第2感情」と呼ばれます。

第2感情というと、第1感情というのがあるの？　という声が聞こえてきそうです。

そうなんです。怒りには根っこがあります。それが第1感情。

その根っこが爆発したものが、第2感情である怒りなのです。

例として、ある友人の話をしますね。

友人の部下Vさんが出張に行った地方で、大きな地震があったことがわかりました。

「彼は大丈夫だろうか？」

心配するも、一向に彼から連絡がない。どんどん不安が募る中、ようやく夜になって彼から電話がありました。それも、地震のことなど一言も触れず、あっけらかんとした声で、

「お疲れ様です！　あれ、声が暗いですよ。どうかしたんですか？」

それを聞いた途端、友人はそれまでの不安が腹立ちに変わり、思わず、

「地震があったというのに、なんですぐ連絡してこないんだよ！」

と、大声で怒鳴りつけてしまいました。


ある出来事に対して、その人が最初に感じた感情が第1感情です。この友人の例でいうと、第1感情とは何でしょう？

そう、心配や不安ですね。「部下が地震に遭ったのではないか？　大丈夫か？」、そんな心配や不安を友人はもっていました。ところが、あっけらかんとした部下の第一声を聞いたときに、その心配や不安が怒りに転じます。これが、第2感情です。

第1：心配・不安　↓　第2：怒りというわけですね。

よくある第1感情としては、不安以外に、**悲しみ、恐れ、情けなさ、みじめさ**などが挙げられます。

怒りを感じたとき、まずは第1感情が何なのか、自分に問いかけて、探してみてください。「もともと、私はどんなことを感じていたんだろうか?」と。

第1感情が探せたら、その感情をじっくり感じてみてください。

「私は不安に思っていたんだな」

「彼のことがとても心配だったんだな」

これができるようになると、一気に怒りを爆発させることが少なくなってきます。

●怒りの陰に隠れた本当の気持ちを伝える

自分の本当の気持ちをつかんだうえで、部下とコミュニケーションをとることができると、やみくもに怒りを爆発させるよりも、よっぽど部下に伝わりやすくなります。

では、先程の例では、部下にどのようにコミュニケーションをとるといいでしょうか?

今回、「大きな地震があったので、無事ならばすぐに連絡がほしかった」というのが、私の友人である上司の求めていたことです。

そのため、部下には「『大事があった際は、すぐにこちらに連絡を入れてほしい（ホウレンソウしてほしい）』ということをわかってもらう」のが、部下とコミュニケーションをとる目的です。

この目的に合ったメッセージを、3章4項でお話しした「Iメッセージ」で伝えましょう。Iメッセージとは、自分にとってその出来事がどうだったか、自分の気持ちや思いを交えながら、伝える方法です。

皆さんだったら、どんなIメッセージをその部下に伝えるでしょうか？

「〇〇で大きな地震があったので、〇〇さんは大丈夫か、ずっと心配していたんだよ。全然連絡がなかったから、どうかなっているんじゃないか、気が気じゃなかった。

今度から、このような大事があったときには、すぐに連絡を入れてほしい」

たとえば、こんな感じでしょうか。いきなり「なんで連絡してこないんだよ！」と大爆発するよりも、ずっと部下の心に響くのではないでしょうか。

●結局、どうしても合わない相手には？

いくらがんばってもどうにも合わない相手に出会うことがあります。こういった相手には、ついつい怒りも感じやすくなります。

「なぜそんなことを言うんだろう」

「何を考えているのか」

「どうしても理解できない」

そんなとき、「自分や相手の当たり前を理解するといい」と4章2項でお伝えしました。

それに加えて、この項ではもう1つ、対処法をお伝えしましょう。

それは、**「彼・彼女と一緒に仕事をすることは、自分の人生においてどんな意味があるのか？」**を考えてみることです。


私自身、合わないと思う相手に苦労しているときは、この質問を自分にしていました。

そうして私が気づいたこと。それは、**私が「ダメだ」「合わない」と感じる相手には共通点がある**ということです。

具体的に言うと、仕事をしていて私が合わないと感じる相手は、

- 細かい
- こちらの仕事に介入してくる
- こちらをコントロールしようとする

そんな傾向があることに気づきました。

さらに、おもしろいことに、異動や転職によって相手と離れたと思っても、次の場で必ず同じような人に出会うのです。そして、また同じように悩む……。

結局のところ、私は、前記のようなタイプの人を自分の中で克服できない限り、何度でも同じパターンで悩むのだ、ということに気づきました。合わない人というのは、私に課題を教えてくれているようなものなんですね。そのことに気がついてから、合わない人への見方が少し変わりました。

皆さんも合わない人に出会ったら、「自分にとって、どんな意味があるんだろう?」、そう考えてみてください。相手に対して違った見方をすることができ、心に余裕が生まれますよ。

WORK 6

とっておきの処方箋を見つけよう

Q1 過去を振り返ってみて、「手痛い失敗」にはどんなものがありましたか？
　また、その失敗について、「あのとき失敗してよかった！　なぜなら……」と表現するとしたら、あなたは「なぜなら」のあとに、どのように続けますか？

Q2 あなたにとって、“悩み”から抜け出すのにベストな方法は何でしょうか？
６章２項を参考にしながら、考えてみましょう。

Q3 あなたは“孤独”とどのように付き合っていきますか？　６章４項を参考にしながら、考えてみましょう。

POINT

うまくいかないときの自分なりの対処法を、あらかじめ考えておきましょう。
いざというとき、“底なし沼”にはまらずにすみますよ。

7章

「オンもオフも充実させたい！」周りに振り回されない仕事術

\Hint/
01

自分の仕事は自分でコントロールする

●「振り回されている感」が一番自分を疲弊させる

管理職になって直面することの1つに、「いろんな人や出来事に仕事を中断され、なかなか集中することができない！」ということがあります。

部下が話しかけてくる、上司に呼ばれる、他部署との会議に呼ばれる……。一担当者だったときに比べ、関連部署や一緒に仕事をする相手の人数が増えます。それに伴い、とにかくいろんな人に話しかけられたり、呼ばれたりして、なかなか自分1人で集中する時間をもちにくいのです。

「あ〜っ、ちょっとは私のこと、ほっといてよ！」

そう叫びたくなるほど、私も管理職当時は、周りからの横やりにイライラしながら過ごすことがよくありました。

それらに反応して対処していると、自分が振り回されているような感覚が徐々に高まり、疲弊してきます。私はその当時、「まるで洗濯機の中の洗濯物になったような気分」だと思っていました。ぐるぐると振り回されて、「ああ〜」と飲み込まれそうになる感じ。で、夜になると、どっと疲れを感じていました。

皆さんはいかがでしょうか？　そんな状態に陥っていませんか？

もし、あなたも同じような疲弊感に陥っているとしたら、どうすれば、その疲弊感から解放されるでしょうか？

私は、**「自分で手綱を握る」というスタンスをとる**ことが大事だと思っています。

つまり、すべては自分で選び決定していくということです。もっと言うと、すべての自分の行動について、「自分が選んでいる」ということを意識すること。

たとえば、何かの仕事をしていて気持ちがのってきたなと思った矢先に、部下から「ちょっとお時間いいですか?」と話しかけられたとします。そんなとき、こっちは「え、ちょうど気持ちがのってきたところだったのに……」と、内心思います。そして、部下のことを恨めしく思いながらも、実際の行動としては、部下に向かって「どうしたの?」と言って、話を聞き始めます。

こんなとき、ついつい私たちは、「部下のせいで、仕事を中断させられてしまった」と思ってしまいがちです。

でも、そうではなく、こんなときは、「私は、今、部下と話をすることを、自分で選んでいる」と意識するのです。

どうしてもその仕事を中断したくなかったら、部下に対して「ちょっと今、忙しいから、1時間後にしてくれる?」と伝え、部下のお願いを後にしてもらうという選択肢もあったはずです。にもかかわらず、実際の行動としては部下と話したわけですから、たとえ無意識であったとしても、「部下と話すことを選んだ」わけです。

その**自分のした「選択」をもっと意識するようにする**のです。

また、自分がやる行動について、一つひとつ意識するだけではなく、実際に、心の中でそれを言葉にしてみましょう。

「今、私はこの部下の話を聞くことを選んでいる」

「今、私はこのメールを読むことを選んでいる」

「今、私はこの仕事をすることを選んでいる」

「今、私はこの会議に参加することを選んでいる」

「今、私は昼休みの時間を○○に使うことを選んでいる」

というように。

そうすることで、周りの状況がどうであったとしても、結局、すべての行動は自分が選んでいることに気づくことができます。それに伴って、周りに振り回されている感が減っていくことでしょう。

●自分で選んでいることがわかると、自信になる

ちなみに、この「自分で選んでいる」ことを意識するワークは、「自分に自信をもつ」ことにもつながります。

Wさんは、公務員。とにもかくにも自分に自信がない。自分の判断にも自信がないので、なかなか自分の意見を言えないし、たとえ言ったとしても、相手に反論されると、そちら

のほうが正しいような気がしてしまいます。

恋人がいて、彼からプロポーズされたけれど、そのプロポーズを受けていいものか否か、それも判断できない。自分がどうしたいかわからない……。

そんな彼女とコーチングセッションをすること数カ月。あるとき、宿題として「自分で選んでいることを意識するワーク」を2週間ほどやってもらうことにしました。

たとえば、昼休みに行ったお店で親子丼を頼むとき「親子丼を頼むことを、私は選んでいる」、上司から指示された仕事をするとき「上司から指示された仕事を引き受けることを、私は選んでいる」、週末に恋人と会うとき「この週末に彼と過ごすことを、私は選んでいる」……というように、日常における数々の選択を、大小に関係なく、すべて意識してもらうようにしたのです。


そして2週間後、彼女が言ったこと、それは、

「私、これまで、全然自分で決められていない、判断できていないって思っていました。でも、今回2週間、自分の選択を意識してみて、実は私はいろんなことを決めることができている、判断できているということに気づいたんです。そしたら不思議と、自分に自信がもてるようになりました」

というものでした。

周りの状況や相手の言いなりになっている、自分でコントロールできていない。そういう感覚に陥ると、人は何もできない自分に対して無力感をもちます。

でも、そうではなく、自分はしっかりコントロールしているのだ、手綱を握っているのだと感じられると、自分に対する信頼、自信をもてるようになります。それが、Wさんがこの2週間で経験したことだったのですね。

まずは、「自分が選んでいる」ということを自覚しましょう。それが、周りに振り回されないための第一歩となります。

\Hint/
02

仕事を捨てる勇気をもつ

●自分の仕事を手放そう

「今やっている仕事、本当にあなたの仕事ですか？」

そう問われたら、いかがでしょう？　現在自分が携わっている仕事すべてについて、「YES」と言うことができるでしょうか？

時間にはどうしても限りがあるもの。そもそも、気になっていることを全部自分でやろうとすること自体、無謀であることも多いです。

だとすると、必要なのは**自分の役割に対して、自分がすべき仕事とそうでない仕事を見極めること**。そして、自分がすべき仕事ではないと判断したら、スパッと捨てる勇気をもつことです。

まずは自分の仕事をすべて洗い出してみましょう。

そのうえで、①**それらが本当に自分がすべきことなのか**、それとも、②**他の人（部下や他部署）でもできることなのか**、を一つひとつ吟味してみましょう。

この「吟味」ですが、できれば、自分以外の人の意見も聞くといいでしょう。

というのも、自分だけだと、どうしても自分自身の思い込みや、過去の一担当者時代から培った「考え方のクセ」にとらわれてしまい、管理職目線での新しい発見を得にくいためです。

たとえば、上司であったり、先輩であったり、同僚であったり、メンターであったり。自分が信頼している人の意見を聞けるといいですね。そうやって、自分がすべきことと、そうでないことを切り分けていきましょう。

管理職としてすべきことをするのは大事なことですが、管理職として自分が担当すべきではないことを手放すのも、同じくらい、あるいは、それ以上に大事なことです。

「手放すこと」をしないのは、仕事の効率を下げ、本来の自らの役割を果たせなくなるだけでなく、部下の成長の機会をも奪ってしまいます。


あなたの、管理職としての役割は何でしょうか？

その役割を果たすために、あなたでないとできない仕事は何でしょうか？　そして、手放すべき仕事は何でしょうか？

改めて考えてみることをおすすめします。

●仕事を効率化させる極意

限られた時間で仕事をこなすためには、仕事を効率化することも大切です。ここでは、仕事を効率化するときに役立つ考え方を1つ、ご紹介します。

それは、「ECRS（イクルス）」という考え方です。

Eliminate（削除する）
Combine（組み合わせる）
Replace（置き換える）

Simplify・Standardize（簡素化する、標準化する）の頭文字をとった「ECRS」は、もともとは工場の現場で、作業改善を図るにあたって用いられる考え方です。

Eliminate（削除する）は、そもそも今やっている仕事をなくす、やめる、ということです。

たとえば、さっき見てきたように、今やっている仕事、本当にあなたでないとできないのでしょうか？　部下に任せることはできないのでしょうか？

もし、部下でもできそうなのであれば、部下にお願いしてみましょう。

Combine（組み合わせる）は、複数の仕事を組み合わせるということです。

たとえば、メールは時間を決めてまとめてチェックする、電話はまとめてかける、などがそう。基本的に同じような仕事はまとめて集中して行なうことで、効率を上げることができます。

特にメールについて言うと、届いたメールをその都度チェックするのは、集中力の維持や仕事の効率化の観点でちょっともったいない気がします。

メールシステムによっては、メールが届いたらポップアップメッセージでお知らせしてくれるものがあり、その都度メールをチェックしている人を見かけます。が、正直、私はあまりおすすめしません。これだと、メールが届くたびにそれらのメールを見たり、返事を書こうとしてしまうことになり、せっかく今まで集中して取り組んでいたことが中断されてしまうからです。

そうなると、発揮していた集中力はいったんゼロになってしまいます。そのゼロの状態から再びエンジンをかけるのはけっこう大変です。結果として、効率が非常に落ちてしまいます。

メールについては、朝イチ、昼前、午後など時間を日に3～4回決め、その時間に集中してチェック&返信するようにしたほうが、効率的です。

Replace（置き換える）は、ある仕事のやり方を別のやり方に置き換えるということです。たとえば、これまで手動でやっていたことをパソコンツールでやるようにするなどが、これに該当します。

Simplify、Standardize（簡素化する、標準化する）は、文字通り、やり方を簡素化したり標準化したりすることです。

たとえば、これまで部下に、こちらにお伺いを立ててからやってもらっていたことを、すべて彼らの判断でやってもらうようにするとか、チームの中で帳票や記入事項を統一して効率的に処理できるようにする、といったことです。

ＥＣＲＳのアイデア、チームの中で募ってシェアするのもおもしろいかもしれませんね。

●「未完了」を手放そう

仕事を効率的に進めるためには、できるだけ集中しやすいような環境を整えることも大切です。

たとえば、身の回りの整理整頓。

自分が出張したときのことを思い出してみてください。すべてがきれいに整えられたホテルの部屋で仕事をすると、普段以上にはかどる、という経験をしたことはありませんか？

ホテルのデスクや部屋は、必要なものが必要な場所にきちんと整えられています。無駄なものは一切、目に入りません。かたや、自分のデスクや部屋はどうでしょう？　今取り組んでいる仕事とは関係のない書類やパンフレット等々、目に入る位置に散らばっていませんか？

関係のない物たちが目に入ると、どうしても意識がそちらにもいってしまいがちです。そして、意識がそちらにいってしまったが最後、「あ、そういえば、あの件ってどうなってたっけ？」「あのこと、○○さんに話したっけ？」「明日の会食に着ていく服、どうしよう？」などという考えが浮かび、今取り組んでいる仕事に対する集中力は、一気に下がってしまいます。

自分の意識が他にいってしまわないよう、自分の環境を整えることが大事です。

整理整頓と言いましたが、物理的な整理整頓だけでなく、記憶の整理整頓もそう。たとえば、自分のやるべきタスクを自分の記憶の中だけで管理していると、余計なエネルギーを使ってしまいます。「今日、何をやらなきゃいけないんだっけ？」と意識がタスクに向いたとたん、そのことが気になり始め、集中力が途切れてしまうのです。

そうならないよう、すべてのタスクは1カ所にまとめましょう。たとえば、スケジュール帳や社内のスケジュール管理ソフトに一元化して記録し、そこさえ見ればいつでも確認できる状態にしておくことです。

そうしておけば、ある仕事に取り組んでいる最中に、「あれ、どうだっけ?」と気になることもなくなるはずです。

モノとコト（記憶）の整理整頓、ぜひやってみてください。

ちなみに、コーチングの分野には「**未完了**」という言葉があります。「未完了」とは文字通り、「完了していないこと」。なかなか手がつけられない仕事、片付けられていない部屋、とれたままになっているブラウスのボタンなど、やらなきゃと思いつつやれていないことがあると、それが気がかりとなって、その人のエネルギーをそぐのです。たとえ、その人がその「未完了」を意識していなかったとしても。

できるだけ「未完了」をなくしましょう。それにより私たちを蝕む余計なエネルギー消費が減り、今集中すべきことに、集中しやすくなるのです。

\Hint/
03
自分の時間を確保する

●ちょっと先のことを考える時間を決めておく

職位が上がれば上がるほど、この先何を目指すか？　どうやって目標達成していくか？　チームをどうしたいか？　部下をどう育てていくか？　など、ちょっと先（未来）について、考える時間をもちたいものです。

私たちは、ついつい、目先の作業を片付けることに気をとられてしまいます。目先のことは、まさに目の前で起こっていることだからです。また、それらを片付けたほうが、「やった感」があるからです。

でも、管理職になった今、あえて自分から**「先のことを考える時間」**を確保しにいきたいですね。

私のおすすめは、30分でもいいので、自分1人で集中できる時間を自分のスケジュールに組み込んでしまうことです。そして、その時間は、よほどのことがない限り、部下からのホウレンソウや会議を受け付けないことにしてしまいます。

「え、そんなことして、大丈夫？」と思うかもしれません。

でも、せいぜい30分程度であれば、相手もよほど緊急でない限り、意外とこちらのお願いを聞いてくれるものです。最初は勇気がいるかもしれませんが、ぜひやってみてください。

ちなみに、私が勤務していた会社では、仕事中に社外の飲食店に行くことが許されていたので、私はときどきカフェに行って、「考える」仕事をしていました。

もしも会社の規定で許されるのであれば、その時間だけ社外のカフェに行く、あるいは、会議室にこもる……なんていうのも、外界からの横やりを遮断するうえで、効果的だと思います。

●朝の時間を有効活用できると1日がうまく回る

時間に関するもう1つのおすすめは、**朝の時間を有効活用する**こと。

「根っからの夜型なのに、朝型に変えるなんて、絶対ムリ！」というあなた。決してそんなことはありません！　少なくとも、個々人の範囲だけで見れば、朝型に変えることは十分に可能です。

かくいう私も、以前は思いっきり夜型でした。

遡ること〇十年、学生のときなんて、夜寝るのは2時3時。当然、朝は起きられず、昼すぎに起きて大学に行く……という毎日。その頃は、「朝、普通の時間に起きるなんて、絶対ムリ！」と思っていました。

社会人になって、さすがに大学時代のようなことはなくなりましたが、それでも、仕事を終えるのは20～21時。遅いときは22～23時。それに伴って、出勤するのも9時、10時……と遅めの時間になっていました（当時の職場はフレックスでした）。

仕事が忙しかったこともありますが、今から思えば、21時、22時と遅い時間に仕事を終えて帰途につく自分に酔っていたところもあったように思います。

また、「必要なら夜22～23時まで残業してやればいい」「それまでまだ時間がある」と思ってしまい、つい日中だらだらと仕事をしていたということもあります。定時（17時30分）を過ぎた頃から、ようやくエンジンがかかり出すのです（ちなみに年俸制だったので、残業代はつきませんでした）。

今から思えば、日中にもっと効率よくやって、早く帰ることも可能だったと思います。

そんな私が、好むと好まざるとにかかわらず、朝型に転向したのは、出産後のこと。保育園への送り迎えを考えると、私が仕事に使える時間は、9時から17時30分まで。計8時間30分。その間にフルスロットルで仕事をして、なんとか終える必要があります。

抱えている仕事の優先順位を見極め、何の仕事にどう時間を使うかばっちり考えます。そして、それができたら、一つひとつの仕事にとにかく集中してこなしていく。

必然的に、仕事の効率は数倍上がりました。人間、やればできるものです。

ただ、やはりそれでも時間が足りないことがあります。とはいえ、17時30分以降は子供が帰ってきてしまうので、仕事ができない。子供を寝かしつけてからと思っているけれど、うちの娘、とにかく寝つきが悪い。布団に入ってから1～2時間くらい寝ないなんてこともざらです。

こうなってくると、なかなか寝ない子供を前に、どんどんイライラ・モヤモヤしてきます。「なんで寝てくれないの！」。仕事のことが気になるし、子供にもあたりそうになるし、精神衛生上、よくない。それが伝わるのか、子供もさらに寝てくれない……。

あるときから、私は子供を寝かしつけた後に仕事をすることをあきらめました。

「もういい。子供と一緒に寝てしまおう。その分、朝、仕事をしよう！」

そう決意し、朝5時に起きることにしました。

そしたら、これがなかなか、いいのです。最初は起きられなくて苦労しましたが、慣れてしまうと、頭の働きが夜よりも朝のほうが断然いい。また、当然のことながら、早朝は誰にも邪魔されないので、仕事がはかどるのです。

さらに、朝は、窓の外がどんどん明るくなってくるので、なんとなく気持ちも高揚してくるような感じがあります。

経験してみて初めて知った、朝の醍醐味でした。

ワーキングマザーの方で、朝の時間を活用している人は多いです。私が朝5時台にメールをチェックしていると、ワーキングマザーのクライアントさんからメールが入ってくる、なんてこともたまにあります。

もともとずっと夜型だし、朝型なんてムリ！　というあなた。それって思い込みかもしれませんよ。

そもそも、人間は昼行性の動物。日中に活動し、夜間は休むようにできています。やりたいかどうかは別にして、やれば絶対にできるものです。なので、やりたいと思うのであれば、ぜひ、あきらめないでトライしてください。

●夜の打ち合わせや会食はどうする？

さて、夜型から朝型に変えるのに、一番のハードルは、周りとのお付き合いをどうするか？　ということだと思います。

たとえば、社内での打ち合わせやお客様との打ち合わせなど、現在、夕方から夜にかけて行なわれる打ち合わせ。

まず自分のチーム内の打ち合わせですが、これは「定時後の打ち合わせは原則禁止」にするのはありだと思います。実際のところ、あるワーキングマザーの管理職はこれを実施しましたが、特に問題はなかったそうです。

管理職になる1つの利点は、**一担当だった頃より自分の権限が増え、自分でコントロールできる範囲が増える**ところ。こういった打ち合わせに関するルールは、基本的にチームメンバーのためにもなるうえ、生産性を上げることにもつながるので、取り入れてもいいのではないでしょうか。

一方、問題となりそうなのが、チーム外、特にお客様との打ち合わせです。たとえば、あるクライアントさんは「繁忙期は、お客様からの要望で、夜遅い時間に急遽打ち合わせが入ることが多々ある」とおっしゃっていました。

これについては、事業の性質上、やむをえないところはあると思います。ただ、そういう場合でも、1つ気づいておきたいのは、繁忙期に夜型になるのはやむをえないにしろ、繁忙期以外は、そうではないということ。つまり、**繁忙期とそうでない時期を分けて考える**ということです。

往々にしてありがちなのは、繁忙期の頃の習慣をそのまま引きずって、夜型の仕事の進め方をしてしまうこと。でも、繁忙期が終わったら、夜、お客様に拘束されることはないのですから、朝型を取り入れることも可能なのです。

実際、先述のクライアントさんにこの話をしたところ、「確かに、繁忙期以外ならできそうですね」と、今気づかれたようにおっしゃっていました。

そうした場合、繁忙期以外に朝型を取り入れることをやってみたらいかがでしょうか？一度、朝型をやってみて「あ、できるな」「けっこういいかも」という感覚を経験すると、それが1つの成功体験となります。

1回でも成功体験をもつと、つまり、ゼロがイチになると、そこから広げていくのは、ゼロをイチにするよりはハードルが低いものです。まずは、どこかで朝型を取り入れてみることをおすすめします。

最後にもう1つ。

最近、世の中の傾向として、「残業を減らすこと」「ワークライフバランス」ということが盛んに言われるようになってきています。

そういったことをからめつつ、不必要に夜の打ち合わせをしようとするお客様には、「最近、会社でも、うるさいもので……」と理由をつけて、できるだけ日中に設定してもらうようにするのも手です。

世の中の流れからしても、今後はやりやすい方向に向かっていくのではないでしょうか。

\Hint/
04

夫が最大のサポーターに変わるとき

●人は変わる。夫も自分も

仕事以外のところで、日常をともにしているのが夫婦。よくも悪くも、お互いの影響を受け合っています。

特に、子供ができると、夫の子育てへの関与度合いが、妻が仕事をスムーズに続けていけるかどうかに大きく関わってきます。

私が1つ思うのは、**「人は変わる」**ということ。

最初はこちら（妻）がやりたいことについて夫が協力的でないように見えても、ずっとそうとは限りません。4章5項で「自分のあり方が、鏡のように相手に映る」と書きましたが、これは夫婦でもあてはまること。妻のあり方次第で、夫の考えや行動も変わっていきます。

そのことを実感したのは、子供が生まれてからのこと。子供が保育園に慣れてきた頃、私は今の仕事に加えて、新たにある仕事を始めようと思い立ちました。そして、いざ始めようとしたところ、夫から「定時に職場を出て、保育園のお迎えに行くのは難しい」という言葉が返ってきたのです。私が始めようとした仕事は、週3日程度、帰りが20時を過ぎるため、夫に保育園での娘のお迎えをお願いしたのですが、難しいようでした。

お迎えに間に合わないのであれば、仕方がない。そう思う反面、「私だってもっと仕事がしたいのに」「育児は夫婦両方の仕事でしょ」と、恨めしく思う気持ちも正直ありました。

それから数日間、悶々としていたのですが、あるときふと思ったのです。

「でも、よく考えたら、1人で子供を育てている人だっている。私が『夫が保育園のお迎えに行ってくれないから』『子供が病気のときに会社を休んでくれないから』というのは、私が単に夫のせいしているだけなのかも。本当は超えられない壁じゃないのかも」

そこから、自分の発想を変えることに決めました。

私は、仕事も子育ても自分がやりたいからやっている。「もし、自分が1人で仕事も子育てもしているのだとしたら」という発想に立てば、もっと自分にできることがあるのではないか。なんとかすることも可能なんじゃないか。

まずは、今の自分にできることをやってみることにしました。最初やろうと思っていた仕事は常態的に帰りが遅いため断念しましたが、同じ分野の仕事で、単発で引き受けられるものを、そのときだけ娘をシッターさんにお願いするなどして、やってみることにしました。

そこから数年。自分が新しく始めた仕事がちょっとずつ、本当にちょっとずつですが、実を結び、評価をいただけるようになりました。

それとともに、ふと気づくと、夫の、私への見方が変わってきたように感じるのです。自分なりに工夫して前に進もうとしていることへのリスペクトというのでしょうか。私が仕事のとき、状況が許す場合は、保育園の送り迎えをしてくれるようになりました。

そして、最近では、泊りの出張を入れることもできるようになりました。最初は1泊2日、そのうち2泊3日……。以前では、考えられなかったことです。

●自分にできることから始めよう

たとえ当初、協力が得られなかったとしても、こちらのあり方次第で、徐々に状況が変化することもあるんだな。それが、この数年間で感じたことです。

そして、このような変化は私だけでなく、コーチングのクライアントさんとそのご主人との関係にも見られることです。

夫がたとえ協力的でなくても、それほど悲観的にならないことです。

まずは、今やろうとしていることについて、自分がどうしたいと思っているか、自分の気持ちを確かめましょう。

「自分がやりたい」と思っていることが確認できたら、主語を「私」にして取り組むことです。**「他責」ではなく「自責」で取り組む**こと。つまり、「○○のせいで、できない」と考えるのではなく、「○○という条件のもと、自分にできることは何か」を考え、それをやってみるのです。

そうして一歩ずつでいいので、前に進んでみましょう。あなたが一歩一歩進んでいく姿に、いつしか、夫は、最大のサポーターへ変化していくことでしょう。

＼Hint／
05

ロールモデルがいなかったら

●「ロールモデルがいない」って本当？

「うちの会社にはロールモデルがいない」

そんな声を聞くことがあります。

確かに、女性の管理職はまだまだ少ないのが現状です。また、女性の管理職がいたとしても、自分とは世代もタイプも違う。「プライベートを犠牲にして仕事をする」というのは、私が目指したい方向性ではない……なんてこともあるかもしれません。

そもそも、自分にとって「完璧に理想の人」を探すのは難しいものです。人それぞれ個性や価値観があります。そのすべてが自分の理想と一致するというのは、本当にまれなのではないでしょうか。

また、身近な人であればあるほど、どうしてもその人のアラが見えてしまうものです。なので、本当に「完璧に理想の人」となると、普段会うことのない著名人であったり、ドラマに出てくる人になってしまうかもしれません。

そう考えていくと、ロールモデルを見つけるのはなかなか難しそうな感じがしますが、**「完璧」とか「すべて」ではなく、「パーツ」「部分」で見る**とどうでしょう。身近なところで、「この人、いいな」と思える人がいるのではないでしょうか。


たとえば、「○○さんはすごく聞き上手だな」とか、「部下への叱り方は、あの人のやり方がいいな」とか、「プレゼンといえば、○○さんがすごい」とか。

そういう風にパーツで見るようにすると、ロールモデルを見つけやすくなります。

私も、当時からロールモデルはパーツごとに「設定」していました。

たとえば、「聴く」ことのロールモデルといえば、同僚のVさん。彼女はあいづちの打ち方が絶妙でとても話しやすいし、彼女と話すだけでとても元気になれます。そのため、部下と話をするときには、彼女をロールモデルとしてイメージしながら、「聴く」ことを実践していました。

また、以前本で読んだ、あるワーキングマザーのワークライフスタイルがとても素敵で、私もそんな風になりたい、と思えたので、ワークライフスタイルは彼女をお手本にしています。


こうやって見てみると、パーツでロールモデルを探すメリットとして、必ずしもロールモデルは職場で探せなくてもいい、ということが言えますね。

「この人いいな」と思える人が、仕事の場ではなく、プライベートで親交のある人であっても、テレビに登場するような人であってもいい、ということです。

そう考えると、ロールモデルを見つけるハードルが、ぐっと低くなるのではないでしょうか？

●ロールモデルの探し方

そもそもあなたは、どんな点についてロールモデルがほしいと思っているでしょうか？

部下への叱り方？　上司との付き合い方？　プレゼンの仕方？　時間管理の仕方？　ワ

ークライフバランスのとり方？

まずは、**自分がお手本がほしいと思っていること**について、書き出してみましょう。

それができたら、**それぞれについて、自分が素敵だなと思う人**を挙げてみましょう。

もし、素敵だなと思う人が思いつかなくても、がっかりしないでください。今からそういう人を見つければいいだけですから。

人は、一度アンテナを立てると、そのことについてとても感度が高くなります。「トレンチコートを買いたいな」と思い始めると、道を歩いていても電車に乗っていても、トレンチコートを着ている人に目がいくでしょう。あれと同じです。

皆さんも今、「こんな人、いないかなあ」というアンテナが立ち、感度が高くなっているので、「こんな人」にきっと目がいきます。その分、探しやすいということもありますし、探せなかったとしても、いろんな人に目がいく分、それが刺激となり、自分にとっての成長機会にもなります。

●真似は悪いことじゃない

ここまで主に、「いいなと思えるモデル＝型を見つける」ことについて、お話ししてきました。自分がいいなと思える型に出会ったら、次に**その型を真似する**ことが大事です。

実は私は、この「真似をする」ということが苦手でした。真似をするって、なんだか相手の技を盗んでいるような気がして、罪悪感というか、気恥ずかしかったのです。

特に、その相手が見ている前で、真似をしようとするなんて、どう思われるかわからない、というのが当時の心境でした。

上司からはずっと「いいと思ったことを、なんで真似しないんだ？」「積極的に真似をして、どんどん自分のものにしていかないと」と言われていました。

でも、心理的な壁があって、どうしてもできない。私の場合、この壁のせいで、真似ができるようになるまで、相当時間がかかりました。

当時の私を含め、お伝えしたいのは、「守破離」という言葉もあるように、学びや成長というのは、「真似」から始まるということ。だから、真似するのは悪いことではなく、むしろ必要なことなのです（もちろん、違う意味での「真似」、つまり、ビジネス上のアイデアをパクるようなことは問題ですが、今しているのはその話ではありません）。

当時の私は、真似することについて、相手の方への罪悪感や気恥ずかしさがありましたが、今、真似される側になってみると、真似されることは、まんざら悪い気持ちではないということがわかります。面はゆさもあるけれど、素直にうれしかったりもします。

それでも、やはり気恥ずかしい、抵抗があるという方は、ご本人に対して「**〇〇がとても素敵だと思ったので、私にも真似をさせてください！**」と一言断っておくと、心理的にやりやすいかと思います。

真似をしているうちに、「できてきたな」「なじんできたな」と思うようになったら、自分の経験や考えを加味して、自分なりのスタイルをつくっていく段階に入ってきたのかもしれません。

いろんな人の「いいとこどり」ができるといいですね。そして、そこから自分のスタイル、自分の型をつくっていきましょう。

\Hint/
06

いろんな「私」をもとう

●つらくなるのは、世界がそこだけだと思い込むから

「私には、これしかない！」「この場所しかない！」と思い込むと、それがうまくいかないとき、とっても苦しくなります。逃げ場がなく、「もう私は終わりなんじゃないか」「これがうまくいかなかったら、行くところがない」と自分をどんどん追い詰めてしまいます。

実際、あることがうまくいかなくったって、「もう終わり」とか、「行くところがない」なんてことは、まずありません。でも、そう思っちゃうんですよね、今の環境にどっぷりはまってしまうと。

ちなみに、「これしかない！」「ここしかない！」と思い込むことの怖さは、子供の「いじめを苦にした自殺」に通じるような気がしています。

私自身、小学校4年生のときにいじめに遭ったことがあります。悪口を囃し立てられたり、消しゴムなどモノを隠されたり、突然後ろから頭をほうきで小突かれたり、いろいろとイヤな目に遭って、私が人生で後にも先にも「死にたい」と思ったのはあの頃だけです。

大人になった今から思い返してみれば、そんな状況だったら、転校するとか、究極、学校をやめるとか、いろんな機会を求めることもできたのだとわかります。

でも、そのときは、そんな可能性なんて考えられませんでした。あそこだけが私のいるべき場所。そこでなんとかやることができなければ、私はもう終わり……そんな気持ちでした。

その後、5年生になってクラス替えがあって、そこからいじめを受けることはなくなりましたが、もしあのまま同じクラスだったら、私は追い詰められ、どうなっていたかわからなかったなと思います。

「これしかない」「ここしかない」と思い込まないために、おすすめなのは、**いろいろな居場所をもっておく**ことです。

地域の集まり、趣味の仲間との付き合い、外部の勉強会や交流会への参加、ボランティア活動、学生時代の仲間との交流、ママ友との交流。どんな場でもかまいません。家族の中の妻である自分、母である自分でもいい。友人にとって○○ちゃんという自分でもいい。仕事以外にも、何かしら自分が属する場、コミュニティをもっていることで、仕事でうまくいかないときにも、「でも、私にはこちらの場もある」「いざとなれば、ここがある」と思うことができます。**違う場所をもっていることで、自分の中に、心の安定や余裕が生まれる**のです。

また、そういった仕事以外の場に顔を出し、仕事の人間関係とはまた違った人たちに接することで、いろいろなものの見方や捉え方、エネルギーなど、たくさんの刺激に触れることができます。

そうすると、これまで悩んでいたことを違う角度で見ることができたり、悩んでいたことの解決のヒントが得られたり、そうでなくても、気持ちを発散できたり、元気や勇気をもらえたり、悩みから脱出するきっかけがつかみやすくなります。

さらに、そうした場から刺激を受けることが、仕事のアイデアやヒントにつながることもあります。

たとえば、現在、私は企業研修等を通じて人材育成に携わっていますが、企業人材育成と子育てには共通する部分が多く、今、娘を育てている経験がとても役に立っています。

もしも、外の場に出るのはおっくう、新しい場で知らない人に会うのは苦手なら、ブログなどネット上での交流を始めるのもありかもしれません。

私は、ブログとメルマガを書いていますが、定期的に発信することで、その発信を読んでくださる方が増えてきました。発信内容に共感してコメントをくださった方と、ネット上で意見交換するのも楽しいものです。


本当に、世界は広いです。自分に見えているものや自分が接している世界は、ほんの一部でしかありません。つらくなったときこそ、自分の接する世界を広げてみてはいかがでしょうか。

WORK 7

仕事の効率について考えてみよう

Q1 仕事をする上で、何にどのくらい時間を使っているでしょうか？　この1週間（～1カ月）を振り返って、自分の仕事を書き出しましょう。その中で、特に時間をとっているものは何でしたか？

Q2 書き出した自分の仕事を眺めてみて、「自分でないとできない仕事」「自分じゃなくてもできる仕事」に分類しましょう。

・自分でないとできない仕事

・自分じゃなくてもできる仕事

Q3 Q2で挙げた「自分でないとできない仕事」について、何があれば、それが「自分じゃなくてもできる仕事」になりますか？

POINT

あなたが効率的に仕事をして、早く家に帰ることは、自分のためだけでなく、部下にとってもいいことです。そのために、まずは今の自分の仕事を客観的に捉えてみましょう。

おわりに

以前、ある活躍されている女性管理職の方の講演を聴きに行ったことがあります。いろんなお話があった中でも、「人と関わることが好きな女性なら誰でも、ぜひ管理職にチャレンジしてほしい」という彼女の言葉が心に残りました。

関わる人たちを気遣ったり、支えたり。チームをまとめるという役割は、女性に向いていると感じます。また、人を育てるということも。男性とはまた異なる、リーダーシップの形がそこにあります。

つい先日、女性向けの研修に登壇したとき、受講者の方からこんな質問を受けました。

「前任のリーダーは、自分から引っ張っていくタイプの人でした。でも、私はそういうタイプじゃない。私は、メンバーそれぞれが何に困っているのか、どうしたら成長できるのかを目配りし、サポートしていくほうが性に合っています。こんなやり方、リーダーとしていけないんでしょうか」

いいえ、そんなことはありません。あなたはあなたのままでいい。自分の強みを活かし、弱いところは補いながら、あなたらしいリーダーシップを磨き、発揮していきましょう。

もしかしたら、この本を読んでくださった方の中には、周りに頼れる先輩や上司もおらず、孤軍奮闘している方もいらっしゃるかもしれません。この本が、あなたの抱えている悩みや不安を少しでも解消する手助けとなったのであれば、とてもうれしいです。

あなたが、自分らしく、イキイキと管理職ライフを過ごしていかれることをお祈りしています。

最後になりましたが、本書の出版を応援してくださったすべての方に心より御礼を申し上げます。特に、出版の機会をくださるとともに、親身になってアドバイスや励ましをくださった担当編集者の戸井田歩さん、本当にありがとうございました。

また、なかなか書けなくてめげそうになるたび叱咤激励してくれた友人の進麻美子さん、そして、今回の執筆でも仕事でも、ずっと私に勇気を与えて続けてくれたマイコーチ猪俣恭子さんに心より感謝申し上げます。

最後の最後に、やりたいことに没頭してしまう私を、ときどきケンカしながらも温かく見守ってくれる、我が夫と娘に、最大の感謝を込めて。

2016年11月

小川 由佳

著者略歴

小川由佳（おがわ　ゆか）

株式会社 FAITH 代表取締役
津田塾大学卒業後、メーカーで物流業務に携わる。1999 年、サプライチェーンマネジメント（SCM）のソリューションプロバイダーに入社。コンサルタントとして、クライアント企業に対する SCM ソフトウェアの導入や、それに伴う業務改革のコンサルティングを実施。社内初の女性マネージャーの１人として、プロジェクトマネジメントも行なうようになる。マネージャーとして奮闘する中、クライアントや部下の変化、成長に携わることに大きな喜びを感じ、人材育成分野に関心をもつ。その後、メーカーの SCM 部門での管理職を経て、2006 年、コンサルティング会社へ転職。コンサルタントとして、クライアント企業における業務改革や組織変革の支援を行なう中、クライアント企業のリーダー育成に従事。研修やコーチングを通じて、育成に関わったリーダーの数は 1000 人以上。
2011 年に独立し、各種研修プログラム開発および研修講師として活動中。また、若手管理職や働く女性に対するパーソナルコーチングを実施。専門的な知識・スキルだけでなく、管理職、コンサルタント、講師、コーチ、そして、働く女性＆ワーキングマザーとしての経験を詰め込んだ研修やコーチングは、「わかりやすい」「自分に自信をもてるようになった」と好評を得ている。

■ホームページ　http://office-faith.jp/

仕事にも人生にも自信がもてる！
女性管理職の教科書

平成 28 年 11 月 30 日　初版発行
令和 3 年 6 月 7 日　7 刷発行

著　者 —— 小川由佳

発行者 —— 中島治久

発行所 —— 同文舘出版株式会社

東京都千代田区神田神保町 1-41　〒 101-0051
電話　営業 03（3294）1801　編集 03（3294）1802
振替 00100-8-42935
http://www.dobunkan.co.jp/

ISBN978-4-495-53611-4

印刷／製本：萩原印刷
Printed in Japan 2016